- 智能传播系列教程 -

机器与传播

从计算机中介传播到人机传播

牟怡 著

上海交通大学出版社
SHANGHAI JIAO TONG UNIVERSITY PRESS

内容提要

本书系新闻传播领域计算机中介传播和人机传播课程，以及智能媒体相关课程对应的教材。本书将系统介绍并讨论机器在传播中扮演的角色。本书分成三个部分。第一部分是对人机关系、哲学思辨、研究发展的系统综述。第二部分为计算机中介传播，将围绕相关主题展开，包括人际交流与关系、信息素养、数字鸿沟等，覆盖计算机中介传播的学术前沿话题。第三部分为人机传播，系计算机中介传播的自然延伸和发展，这部分将完整介绍并讨论人机传播领域的起源、概念、各个主题，以及相关的研究方法等。本书的读者对象为新闻传播学研究生（含博士生）、研究者，以及对智能传播感兴趣的读者。

图书在版编目（CIP）数据

机器与传播：从计算机中介传播到人机传播／ 牟怡
著．—上海：上海交通大学出版社，2022.3（2025.2 重印）
ISBN 978－7－313－26534－0

Ⅰ．①机… Ⅱ．①牟… Ⅲ．①网络传播—研究 Ⅳ.
①G206.2

中国版本图书馆 CIP 数据核字（2022）第 007702 号

机器与传播：从计算机中介传播到人机传播
JIQI YU CHUANBO：CONG JISUANJI ZHONGJIE CHUANBO DAO RENJI CHUANBO

著　者：牟　怡				
出版发行：上海交通大学出版社	地　　址：上海市番禺路 951 号			
邮政编码：200030	电　　话：021－64071208			
印　　制：上海万卷印刷股份有限公司	经　　销：全国新华书店			
开　　本：710 mm×1000 mm　1/16	印　　张：16			
字　　数：226 千字				
版　　次：2022 年 3 月第 1 版	印　　次：2025 年 2 月第 2 次印刷			
书　　号：ISBN 978－7－313－26534－0				
定　　价：68.00 元				

序 言

技术从来没有缺席过人类的传播活动。从古代的造纸术、印刷术,到今天的万维网、人工智能,技术在传播过程中占据了重要的位置。从这个意义上讲,如果写一本名为"技术与传播"的教材的话,那么这本书的分量应该是一本传播百科全书。这显然是不合适的。

正如第一章里所追溯的那样,英文中 technology 这个词源自古希腊时期。古希腊语中的"techne"是艺术、技能、工艺的意思;亚里士多德在《修辞学》中将 techne 与意为词汇、言论及文化的后缀"logos"连在一起,得到新词 technelogos,成为今天技术(technology)一词的前身。1802 年,德国哥廷根大学经济系教授约翰·贝克曼(Johann Beckmann)编写了一本名为《技术指南》(*Guide to Technology*)的教材,使用了 technology 这个词,于是被人类遗忘了很久的古老词汇才重新复活。

技术往往通过技术体来呈现,机器便是常见的技术体。在本书中,当我们谈论机器的时候,往往是在谈论互联网、计算机、智能算法、机器人以及相关的技术。我选择了"机器"一词,因为这是本书中讨论的各种技术的最小公倍数,同时又有效地排除了不相关的技术。

使用"机器"这个简单且缺乏现代感的词汇,貌似有点落后于当下技术迅猛发展的时代。然而,我与其他一些人机传播学研究者一样,认为这不是坏事,反而是好事。因为我们不必添加一些不必要的形容词,比如智能、人性化等。这样在最大限度上对机器进行了囊括。毕竟技术发展得太快,我们今天觉得惊为天人的技术特性,明天可能就已经司空见惯了。举个简单的例子，"computer"原来指的是人，是指那些专职计算的计算员。比如著名的美籍匈牙利数学家、计算机发明者冯·诺依曼的太太便是一名计算员。谁能想到冯·诺依曼的工作导致了像他太太那样的职业人的群体性失业，直至使这个工种彻底消失。

机器并不是第一次在传播领域扮演举足轻重的角色。欧美学界过去二十年中的显学计算机中介传播，也就是国内通常所说的网络传播，将机器视为人类传播中的重要中介（渠道）。网络中的传播行为并非人类线下行为的简单复制，而是具备了很多崭新的特点和规律。然而当技术的发展使得机器不仅仅只是充当中介的角色的时候，我们需要再次革新对传播的看法。这一次人机传播登上学术舞台，我们要探讨的是当机器成为一个传播者的时候，传播所具有的特点和规律。从技术发展角度来看，我们无法找到某个时间节点，从那一节点开始，机器从渠道变成了信源或信宿。就使用者的角度而言，用户也不会刻意去区分机器到底扮演了何种角色。从这个意义上讲，人机传播与计算机中介传播不可分割。因此，笔者选择将两个领域放入同一本书中讨论。

有心的读者也许会从文献的脉络中窥得一丝端倪。20世纪80年代，一名有志于学术的美国青年师从著名人际传播学家朱迪·伯贡（Judee Burgoon）进行非言语传播的研究。然而他敏锐地感知到方兴未艾的互联网对人际交流的影响，果断将研究重心从线下转到了线上，进而成为计算机中介传播领域的执牛耳者。你可能已经猜到这位年轻人叫做约瑟夫·沃尔瑟（Joseph Walther）。沃尔瑟在辗转多地漫长的执教生涯中，为全球的计算机中介传播培养了大批后继者，也影响了很多同时代的研究者。然而就在最近几年中，你可能已经发现计算机中介传播领域的不少大咖们开始逐渐转向人机传播，例如美国斯坦福大学的杰夫·汉考克（Jeff Hancock）和宾夕法尼亚州立大学的希亚姆·孙达尔（Shyam Sundar），甚至连沃尔瑟也带领他的学生开展人机传播相关的研究。由此可见，计算机中介传播与人机传播是无法完全割裂开来的。

最后笔者想说的是，对于每个研究者而言，编写一本教材的难度都是显而易见的。一般的研究工作尚可以围绕着一些具体细微的问题展开,而教材的编写则需要对一个领域有着足够深入并全面的了解。在一定意义上,教材的编写就是一个给学术领域圈地的过程。即使这个学术领域中有自己并不擅长的内容,甚至并不喜爱的内容,依然需要把它们纳入领地之中。如果说学术研究考验的是研究者的研究品位与执行力的话,那么教材的编写则考验着研究者的全局观和学术胸怀。尤其对于人机传播这样崭新的领域,在这部分的写作过程中几乎无法借鉴任何现有的教材,全凭自己把握。因为笔者自身能力的局限,在此圈地的过程中一定会遗漏掉很多问题,希望读者在学习过程中能时刻保持批判性思维,提出自己的真知灼见。

　　欢迎你或面对面,或以计算机为中介,或以机器代理与我讨论。期待之。

目　录

第一部分　绪　　论

第二部分　计算机中介传播

第三部分　人 机 传 播

第一部分

绪　　论

第一章
人机关系的历史与哲学视角

导言：从一桩"谋杀案"谈起

2015 年 8 月 1 日,一桩"谋杀案"在全世界范围内掀起一场不小的风波。这桩谋杀案的受害者并非人类,而是一个机器人。2014 年,一个加拿大研究团队开发了一个名为 HitchBOT 的机器人。这个有着粗粗的躯干和细细的四肢的机器人有着蠢萌的外表,它的名字来自"hitchhiker"(搭便车的人)和"robot"(机器人)的合写。从 2014 年夏天开始,HitchBOT 开始了独自横穿加拿大的搭车之旅。像其他搭便车的人一样,HitchBOT 在马路边竖起大拇指,期待善意的汽车司机载它前往下一站目的地(见图 1.1)。就这样,HitchBOT 安全地完成了加拿大、德国、荷兰和美国部分地区的搭车之旅。然而,美好的旅程却在美国费城附近

图 1.1 HitchBOT 的社会实验

(来源：https://en.wikipedia.org/wiki/HitchBOT)

戛然而止。2015 年 8 月 1 日，HitchBOT 在费城旧城区"遇害"，行凶者将其残忍地"肢解"，从此 HitchBOT"魂归西天"。在研究团队为 HitchBOT 搭建的个人网站首页上赫然写着 HitchBOT 的"遗言"："我对人类的爱永不磨灭。"

HitchBOT 搭便车的"行为艺术"实则是研究者开展的一项人类如何对待机器人的社会实验。在其搭车旅行的一年时间里，相关报道屡见于媒体。在其最终遇害的报道出来之后，讨论也热烈地展开。一些人认为，毁灭 HitchBOT 是错的，但并不比破坏同等价值的电器设备更加错误。而另一些人则认为，对一个机器人施以"砍头"和"杀害"的行为，与对一个人做出同样恶行没有差异。这些观点反映出人们对人与机器异同的判断，更折射出关于人机关系的不同思考。

第一节　机器发展的历史

人与机器的关系由来已久，远远早于人工智能的诞生。从第一台机器诞生之日起，人类如何对待机器便成为一个恒久的命题。机器是一种可用来变换或传递能量、物料与信息的机构的组合。机器由各种金属和非金属部件组装而成，消耗能源，可以运转、做功。它能代替人的劳动进行能量转换、信息处理，以及产生有用功。尽管机器贯穿在人类历史的全过程中，但是真正意义上的机器是在西方工业革命后出现的。

工业革命始于 18 世纪 60 年代，发源于英国，一直持续到 19 世纪中期。18 世纪中叶，在英国人瓦特（Watt）改良蒸汽机之后，一系列技术革命引起了从手工劳动向动力机器生产转变的重大飞跃。蒸汽机随后向英国乃至整个欧洲大陆传播，19 世纪传至北美。由于以蒸汽机为代表的机器的发明及运用成为这个时代的标志，因此这个时代也被称为"机器时代"（the age of machines）。

19 世纪下半叶至 20 世纪初，人类历史进入了以电力的广泛应用为标志的第二次工业革命时期。随着资本主义经济的发展,自然科学研究取得重大进展,19世纪六七十年代开始,出现了一系列的重大发明,并被应用于各种工业生产领域,促进了经济的进一步发展。这些影响深远的发明包括:19世纪60年代,西门子制成自励式直流发电机;到70年代,实际可用的发电机问世;电器开始用于代替机械机器,电能成为补充和取代以蒸汽机为动力的新能源。随后,电灯、电车、电影放映机相继问世,人类进入了"电气时代"。

20世纪后半期,人类社会进入第三次工业革命时期。第三次工业革命以原子能、电子计算机、空间技术和生物工程的发明和应用为主要标志,是涉及信息技术、新能源技术、新材料技术、生物技术、空间技术和海洋技术等诸多领域的一场信息控制技术革命。新科技革命不仅极大地推动了人类社会经济、政治、文化领域的变革,而且也影响了人类生活方式和思维方式。随着科技不断进步,人类衣、食、住、行、用等日常生活的各个方面也在发生重大变革。

除了以上三次工业革命之外,第四次工业革命的概念亦被提出。第四次工业革命也被称为"工业4.0",这个概念最早出现在德国,在2013年的汉诺威工业博览会上被正式提出,其核心目的是提高德国工业竞争力,在新一轮工业革命中占领先机。第四次工业革命的核心特征是智能化,即以人工智能、石墨烯、基因、虚拟现实、量子信息技术、可控核聚变、清洁能源以及生物技术为技术突破口。

第二节　机器与技术

在前面的介绍中,你大概已经注意到机器和技术两个不同的术语。对于这两者,大家并不陌生。我们无时无刻不在使用着技术:从笔记本电脑、打印机、扫描仪,到智能手机、空调、扫地机器人等。技术不仅仅以有形的方式存在,也以我们看不见摸不着的形式影响着我们,比如搜索引擎背后的算法、不同的数码音乐制式、转基因工程等。

古希腊语中的"techne"是艺术、技能、工艺的意思；亚里士多德在《修辞学》中将 techne 与意为词汇、言论或文化的后缀"logos"连在一起，得到新词 technelogos，成为今天技术（technology）一词的前身。1802 年，德国哥廷根大学经济系教授约翰·贝克曼（Johann Beckmann）感受到将实用技艺系统化传授给学生的必要性，于是编写了一本名为《技术指南》（Guide to Technology）的教材，并开设相关课程，于是被人类遗忘了很久的古老词汇才重新复活。

《汉语大词典》对技术一词有三个解释：① 技艺、法术；② 知识技能和操作技巧；③ 文学艺术的创作技巧。《大英百科全书》对技术的解释则是"关于制造和做事的技艺的系统性研究"以及"手段的总和"。技术是实践与元器件的集成，通常是通过技术体（bodies of technology）展示出来的。比如转基因的技术是以马铃薯、大豆和三文鱼的技术体体现的，没有后者，我们无从得知这样一种转基因技术正在对我们的生活发生具体而深刻的影响。

机器通常是展示技术的技术体。例如波士顿动力机器狗就是一个各种技术的集合体。四条运动的机械腿上有各种传感器，包括关节位置和接触地面的部位，还有一个激光回转仪，以及一套立体视觉系统。机械狗目前能够以每小时 5.3 千米的速度穿越粗糙地形，并且负载 154 千克重量。它还能爬行 35 度的斜坡。其运动是由装载在机身上的计算机控制的，这台计算机能够接收机器上各种传感器传达的信号，导航和平衡也由这个控制系统控制（见图 1.2）。然而，很多技术并没有实体展现，例如"今日头条"的推荐算法等。

尽管严格说来，机器与技术是两个相互关联但又不尽相同的概念，但在本书中，这两个概念并不进行严格区分。

图 1.2　波士顿动力机器狗

第三节　人机关系的历史

对人机关系的探讨,离不开对技术为何存在这个问题的探究。仔细检查人类的生理条件,我们发现相对地球上的很多生物而言,人类身体并无太多优势。从视觉上说,非洲马赛人能看到 10 千米外的物体,这是人类的视力极限,而鹰的视力比一般人类好上七八倍;从听觉上说,飞蛾与蝙蝠的听觉比人类都高出很多。除了体型以外,人类比起很多其他生物来说没有太大优势……仔细罗列出人类既有的发明创造,不难发现它们共同的特点:作为对人的延伸。我们的步伐不够敏捷,所以发明汽车、飞机代步;我们的肌肉不够强壮,所以各种钻探机、挖掘机大行其道;我们的听觉不够灵敏,好在我们有各种扩音设备……长久以来,技术之于我们,是加强天性的工具。几百年前,显微镜发明者罗伯特·胡克(Robert Hooke)便通过机械发明去拓展人的视觉极限;几百年后,麦克卢汉一语中的:媒介是人的延伸。其他技术又何尝不是?

牛顿的"机械宇宙观"或"钟表宇宙观"曾在很长时间里影响了西方社会,人们陷入一种对技术、机器和纯秩序的漫长迷恋之中。整个宇宙被看作是一个复杂的机械系统,由遵循特定物理规律的物质粒子组成,并且可以通过数学加以详审细察。机器则很大程度是机械论、物质论、技术决定论以及一切都可以通过数学计算的精神的象征。

然而到了第一次工业革命时期,人们对机器的态度发生了很大转变。因为机器生产大量排斥手工劳动,使大批手工业者破产,工人失业,工资下跌。工人把机器视为贫困的根源,用捣毁机器作为反对企业主,争取改善劳动条件的手段。这场卢德领导的英国工人以破坏机器为手段反对工厂主压迫和剥削的自发工人运动被称为"卢德运动"。即使到了今天,我们依然可以看到现代版的"卢德运动"。世界各国普遍关心的人工智能是否会大量替代工人而造成大面积失业的问题,被视为"卢德运动"的延伸。

延伸阅读

人、动物、机器

在人与机器的关系上，人们常常借鉴人与动物的关系。该如何对待动物？这是长达上万年进化与发展过程中人类需要面对的"动物问题"（the animal question）。而今天这个问题中的"动物"被换成了"机器"，变成了"机器问题"（the machine question）。对机器问题的回答也往往借助于对动物问题的答案，例如机器是否应该具有权利？

美国哲学家格伦·A. 马兹（Glen A. Mazis）在其著作《人、动物、机器：模糊的边界》（*Humans*，*Animals*，*Machines*：*Blurring Boundaries*）中，对三者之间的关系进行了思辨性的阐释。而近期在美国进行的一项对人、动物、机器进行二元归类的研究显示：超过 75％ 的人将人与动物划在了一起，15％ 的人则选择将人与机器归为一类①。

第四节　关于技术的哲学视角

对技术（包括机器）的哲学思考始于 19 世纪末 20 世纪初。对于机器及广义的技术，历来有以下三大类型的哲学观点②。

第一个观点将技术视为工具，认为人类为了满足自己的各种需求而创造技术，这被称为"技术工具论"或"技术工具观"。技术的工具性广泛存在于人类社会，从机器厂房的流水线到家用电器和智能家居等，许多学者无一不从工具视角对其进行解读，因此，这个观点被广为接受。

然而，不少哲学家对技术工具论进行了重新审视，提出了异议。德国哲

---

① Edwards A. Animals, humans, and machines: interactive implications of ontological classification[C]//Guzman A L. Human-machine communication: rethinking communication, technology, and ourselves. New York: Peter Lang Publishing, 2018: 29-50.

② B. M. 罗津. 技术哲学：从埃及金字塔到虚拟现实[M]. 张艺芳，译. 上海：上海科技教育出版社，2018.

学家马丁·海德格尔（Martin Heidegger）曾批评道,技术的工具性解读以及技术作为中性现象的阐释尽管符合常识,却不免偏离了技术的本质,使我们无法理解技术的本质;当我们把技术看成是中性的东西的时候,我们其实是在以最坏的形式屈服于技术①。德国哲学家斯宾格勒（Spengler）也反对技术工具论,他认为技术是生活方式,而不能简单地理解为工具②。

第二个观点是技术决定论。与技术工具论的观点相反,技术决定论认为:技术具有自身的特定规律与自主性;技术是社会变迁的动力,足以支配人类社会的发展。例如,马克思在谈及技术对人类社会结构的影响时指出:"手工磨产生的是以封建主为首的社会,蒸汽磨产生的是以工业资本家为首的社会"③。

技术决定论又分为强技术决定论和温和技术决定论两个派别。前者以威廉·菲尔丁·奥格本（William Fielding Ogburn）为代表,强调技术发明在社会变迁中的决定性作用,认为新技术发明在文化的某一部分造成的变化,势必要求与之相关联的其他部分做出调节以适应发明④。后者则以雅克·埃吕尔（Jacques Ellul）为代表,主张技术自主性思想,主要包含三个方面:第一,技术发展有其内在的逻辑和规律;第二,技术对社会进行全面渗透,整个社会的技术化使得技术摆脱了社会的控制;第三,技术对人的全面影响,特别是对人的思想观念和思维方式的影响,使得人依赖于技术而难以控制技术⑤。但不论是强技术决定论者还是温和技术决定论者,他们都否认技术的工具性。

第三个观点被称为"反技术论"。该观点反对将人与技术分割,而将人与技术看作一个统一体的两个部分。然而这个观点的问题在于目前尚不能清楚描述这个统一体,因而接受的人并不多。

---

① 刘大椿,刘劲杨.科学技术哲学经典研读[M].北京:中国人民大学出版社,2011.
② 刘则渊,王飞.德国技术哲学简史[M].北京:人民出版社,2019.
③ 中共中央马克思恩格斯、列宁斯大林著作编译局.马克思恩格斯全集(第4卷)[M].北京:人民出版社,1958.
④ 奥格本.社会变迁:关于文化和先天的本质[M].王晓毅,陈育国,译.杭州:浙江人民出版社,1989.
⑤ 陈昌曙.技术决定论[M].北京:科学出版社,1999.

延伸阅读

对计算机的定位

　　除了以上分类外，其他学者也从各自学科的角度对具体的技术做了另外的定位尝试。例如学者 B. J. 福格(B. J. Fogg)将人们对计算机的定位分为三类：工具、媒介和社交行动者(social actor)①。计算机是人类生活工作的工具，以及传递信息的媒介，这两种定位自不必言。作为社交行动者的计算机能与用户建立关系，并通过给予人类用户正面反馈，塑造目标行为或态度，以及提供社会支持等方式说服用户。这些功能与通常的人类社交行动者无异。

第五节　互联网技术的发展历程

　　作为人类历史上影响极为深远的技术，互联网技术从各个方面改变或重塑了人类及生活。作为本教材探讨问题的根基，互联网技术值得用一个专门的部分进行回顾和探讨。

（一）世界互联网的发展历程

　　20世纪60年代诞生于美国的 ARPAnet(阿帕网)是互联网的前身。它是第二次世界大战后美国与苏联冷战的产物。1957年苏联发射了人类历史上第一颗人造地球卫星"Sputnik"。作为响应，美国国防部组建了高级研究计划局(Defense Advanced Research Projects Agency, DARPA)，开始将科学技术应用于军事领域。当时美方考虑的一个问题是，如果苏联的洲际导弹打到美国本土摧毁了重要信息中心，该怎么办？因此，美方研究人员提出

----

① Fogg B J. Persuasive technology: using computers to change what we think and do[M]. San Francisco, CA: Morgan Kaufman Publishers, 2002.

去中心化的网络模式。

万维网(world wide web,WWW),即今天广为使用的互联网,最初由欧洲粒子物理实验室的蒂姆·伯纳斯-李(Tim Berners-Lee)发明。他于1990年至1992年间提出互联网基础协议——TCP/IP协议和互联网架构的设计。1993年,美国伊利诺伊大学的超级计算应用软件国家中心的马克·安德森(Marc Andreessen)开发了万维网浏览器"马赛克",方便网页浏览,使万维网在一年内流量增长了三千多倍。1994年网景(Netscape)公司创立,并因很快开发出新的浏览软件"Navigator"而风靡一时。随后微软公司开发出免费浏览软件IE(Internet Explorer),让网络应用进入普通人的生活,大大地推动了世界互联网的发展。

(二)我国互联网的发展历程

1994年4月20日,中国全功能接入国际互联网,标志着中国互联网的开端。从此,网络开始改变普罗大众的生活方式,并形塑着信息时代的中国社会与文化①。

(1)网络启蒙阶段(1994—2000年):从"传统传媒泡沫"的提出到"互联网泡沫"的破灭。

1994年,中国全面接入互联网。紧接着,具有前瞻性的传统媒体机构纷纷"触网"。1995年1月,《神州学人》上网,成为中国第一份中文电子杂志。同年年底,《中国日报》网站开通,开创全国性日报办网站之先河。1997年元旦,《人民日报》网络版正式亮相,标志着"国家队"开始出击新媒体。同时,三大门户网站网易、新浪和搜狐,分别在1997—1998年成立,成为商业网站的代表力量。在这个阶段里,传统媒体网站与商业网站按照自己的思路和逻辑平行发展,却未料到在未来新媒体热潮中短兵相接。2000年4—7月,三大门户网站新浪、网易、搜狐先后在美国纳斯达克上市,加入世界互联网产业千禧年崩盘之前最后的狂欢。

---

① 唐绪军,朱鸿军. 新中国新闻与传播学研究70年[M].北京:中国社会科学出版社,2019.

1997 年,国务院信息化工作领导小组办公室授权中国科学院组建中国互联网信息中心(CNNIC),中国首个互联网研究机构诞生。同年 10 月,CNNIC 第一次公布了中国网民数量：62 万人次。我国政府开始重视互联网上的新闻传播活动,在 1997 年 5 月明确了积极支持、促进发展、宏观指导、归口管理的方针,并于 2000 年 4 月成立了网络新闻管理局,负责统筹协调全国互联网新闻宣传工作。

1994 年系中国新媒体研究元年。新媒体学始于朱光烈教授讨论信息高速公路时提出的"泡沫论"。"信息高速公路"(information superhighway)这一说法源自美国克林顿政府在 1993 年实施的信息高速公路计划,旨在推动信息时代的基础设施建设,而基础正是互联网。这一概念启发着学界对新旧媒体进行比较。朱光烈教授认为,不同于广播、电视、报刊等传统媒体,信息高速公路服务具有双向传播、互动沟通和个人化服务的特点,终将让传统媒体化为泡沫。这样的预测其实也是当时社会普遍乐观心态的反映。例如中国早期的互联网服务供应商瀛海威就在广告词中隐喻式地提出"中国人离信息高速公路还有多远? 向北 1 500 米"。同时,国外具有浓厚未来主义色彩的书籍也被介绍到国内,引发学界的广泛讨论。其中比较有影响力的著作包括尼古拉斯·尼葛洛庞帝(Nicholas Negroponte)的《数字化生存》,丹·席勒(Dan Schiller)的《数字资本主义》等,乌托邦式的乐观技术决定论在潜移默化地影响着这个阶段的学界与业界,直至千禧年之交的互联网泡沫破灭。

(2) 网络勃发阶段(2001—2007 年)：Web 2.0 的异军突起与网络公共空间的威力初显。

千禧年之交的互联网业界动荡并没有太多影响网民的热情以及学界的关注,网络媒体的影响力随着互联网的进一步普及而日益壮大。这个阶段最瞩目的变化是从 Web 1.0 到 Web 2.0 的转变。以门户网站为代表的 Web 1.0 实际上是对传统的大众传播模式在网上的延伸,依然遵循专业生成内容(professional-generated content, PGC)的编辑发布逻辑。而 Web 2.0 的本质是"参与式的架构",具有交互性、开放性和社交性的特点,用户生成内容（user-generated content，UGC）使得"所有人向所有人的传播"（communications for all，by all）真正得以实现。有学者指出，Web 2.0 实质上是一个既继承了传统社会生态又具有自己特质的社会生态系统，是建立在内容之上的社会网络及文化网络。

千禧年之后，Web 2.0 的各种技术应用开始进入创新扩散流程。作为 Web 2.0 的早期代表，博客（blog）于 2002 年进入中国，在 2005 年得到大面积普及，并与主打音视频内容的播客（podcast）和支持多人协作的写作平台维客（wiki，又称维基）并称当时的"网络三剑客"。此外，腾讯作为一匹黑马横空出世，从此腾讯的产品 QQ 以及后来的微信开始改变并重塑中国人的沟通方式和生活工作方式。

如果说 2002 年人民网的南丹矿难报道让人初识全民参与的力量，那么接下来的网络舆论事件则是让这种力量一浪高过一浪。2003 年被称为"网络舆论年"，据统计共有 9 起重大网络舆论事件①。"网络暴民"开始登上历史舞台，并在一系列网络事件，诸如"踩猫事件""韩白论战""铜须门事件"中突显威力。网民们往往打着"网络通缉令"的旗号将网络事件当事人的线下身份揭露出来，进行线上线下的双重讨伐，形成巨大的威慑力。网络到底酝酿出公平与正义，还是暴露出邪恶与疯狂？而为善为恶的边界又在何处？新媒体学界对此从伦理、法律、社会心理等角度多有探讨。值得一提的是，这些网络群体事件从一开始便带有天然的"草根"气质，"本质上是一种对社会公正的渴望"②。

中国新闻网站形成了从中央到地方的完整布局和体系，其中包含三个梯队：中央重点新闻网站、省级重点新闻网站和中心城市新闻网站。手机和手机短信开始被广泛使用，与之匹配的是各种内容服务，包括手机报等新兴的媒体形式。在这样的背景下，媒体融合（media convergence）被提上讨论日程。"信息网络传播权"被列入 2001 年新修订的《著作权法》中，这使得网

---

① 钟瑛，余秀才.1998—2009 重大网络舆论事件及其传播特征探析［J］.新闻与传播研究，2010(4)：45－52.

② 韦路，丁方舟.论新媒体时代的传播研究转型［J］.浙江大学学报（人文社会科学版），2013，43(4)：93－103.

络传播环境下的著作权保护有法可依。同时政府加大对互联网管理的力度，包括关闭违规网站、论坛等。这期间对网络实名制和手机实名制的讨论也日益激烈，几例博客官司将博客实名制的讨论推向高潮。

（3）社交媒体阶段（2008—2014年）：关注的力量与人人连接。

经过前两个阶段的酝酿，新媒体在2008年发展到了一个新的高度。2008年中国网民规模与宽带用户数量双双跃居世界首位。网络新媒体在汶川地震、北京奥运、神七发射等一系列重大事件中被广泛运用，被誉为新闻传播领域中影响巨大的、最具发展潜力的主流媒体。因此，2008年被视为中国网络传播从边缘到主流的转折之年。同时，新一轮电信重组和3G、4G牌照陆续发放，以iPhone和iPad为代表的智能手机和平板电脑的出现，使得移动互联网时代徐徐开启。尽管之前手机就被称为"第五媒体"，但一直到这个阶段才彰显出移动终端的魅力。2012年，我国手机上网的网民数量首次超过电脑上网的网民数量。

社交媒体（social media）成为这个阶段最重要的关键词。伴随着全球社交媒体化的浪潮，社交网站（social networking sites，SNS）如人人网（前身为校内网）、开心网在2008年前后迎来高潮，紧接着微博在2009年异军突起，2011年微信时代大幕揭开。以微信为例，除了其惊人的渗透率外，微信于中国新媒体业还具有特殊意义。在此之前，中国的新媒体产品或多或少跟风于欧美发达国家，在SNS和微博上尤为突出。然而中国互联网三巨头BAT（百度、阿里、腾讯）崛起之后，从微信开始，中国的诸多新媒体产品实现了自主创新，开始在诸如移动支付等方面走在世界前列。有异于其他社交媒体，微信呈现了一种"公域与私人、现实与虚拟、线上与线下混杂互嵌的移动场景，也由此开启了人类一种崭新的存在方式"[①]。

第三阶段的网络群体性事件依然层出不穷，仅2008年就有58起重大网络舆论事件，2008年也因此被视为网络舆论监督年[②]。同时，国际上风起云

---

① 孙玮. 微信：中国人的"在世存有"[J]. 学术月刊，2015，47（12）：5-18.
② 钟瑛，余秀才.1998—2009重大网络舆论事件及其传播特征探析[J].新闻与传播研究，2010（4）：45-52.

涌的"占领华尔街运动""茉莉花运动"借助新媒体力量发展壮大,也给中国学界带来启发。2013 年开始进入互联网下半场,一个明显特征是政府成为新媒体领域最主要的议程设置者。尽管互联网治理在国际上通行的是"多利益相关者治理模式",政府在其中仅仅扮演一部分角色,然而,我国政府直接参与传播顶层设计,以建立"现代传播体系"为目标,因而使得互联网治理继续成为学者关注的焦点。与之对应的是网络舆情研究的热潮。早在互联网发展的早期阶段,网络舆论就已经引起了学者的关注。然而网络舆情研究的发展得益于大数据和数据挖掘技术的兴起,多家大数据网络舆情中心陆续成立。有学者就中外传播学领域的网络舆论研究做出比较,指出国外研究多与政治选举相关,以新的传播形态和媒介内容对媒介使用者的影响为关注点;而国内讨论最多的是"网络舆论引导"问题,常常涉及政府形象传播、和谐社会建构问题。

(4)智能媒体阶段(2015 年至今):万物皆媒与智能传播。

中国互联网走过二十年之际,又开始下一轮进化。云计算、大数据、物联网、人工智能、AR/VR、区块链等新技术的兴起,给媒体生态带来根本性变革,也给新媒体研究带来深刻变化。尤其是 2017 年 7 月,在国务院颁布《新一代人工智能发展规划》,正式将人工智能(artificial intelligence,AI)提升至国家战略之后,"AI+"给新媒体研究带来新的命题。这些变化不仅包含因新现象、新问题带来的研究命题的更新与拓展,还包含着跨学科交流带来的理论视角、研究路径,甚至理论范式的迭代。尽管新闻传播学一直以来被认为是建立在广泛吸收包括心理学、社会学、人类学、政治学在内的社会科学养分的基础上发展出来的新兴学科,然而由于种种原因,新闻传播学的"跨学科"性质一直是口号高于实际。但从第四个阶段开始,以问题为导向的研究思路使新媒体研究开始吸纳来自数据科学、计算机科学、认知科学等传统理工科的科研人才,让学术融合成为一个新趋势。这一点从近期诸多知名高校新闻传播专业的人才招聘启事中可以窥见。

新技术给新闻业带来的冲击和挑战是近期的研究热点之一。智能推荐的算法机制带给用户的到底是高效、精准的信息定位?抑或是信息私人定制的"个性化"圈套，最终导致"信息茧房"？同时，作为另一种新闻推送方式，新闻聊天机器人尽管在国内新闻平台上还未见其身影，但已经吸引了不少学者的关注，并被认为是新闻业的下一个战场。

当前，诸如"互联网思维""互联网＋""网络强国"等战略层面的话语与概念开始成为研究的热门对象。互联网治理也开始直面全球共同面临的挑战，包括隐私保护、数据安全、被遗忘权（又称"删除权"，the right to be forgotten）、信息过载等。在技术发展到智能化阶段的今天，当面对共同的"他者"（人工智能及更广义的技术）时，人类开始打破种族、国别、信仰的藩篱，在更深层次反思人与技术的关系和人类共同的未来。

本章小结：

本章在对机器的历史进行简单回顾之后，对几种哲学视角进行了介绍，其中包括技术工具论、技术决定论和反技术论。本章也简单回顾了作为本书讨论的各种现象与问题的基础：互联网技术的中外历史。本书之后讨论的诸多问题，从本质上与互联网诞生之初设定的特点息息相关。

思考题：

1. 针对机器的几种哲学视角，你更赞成哪一个？为什么？

2. 互联网因其诞生的历史背景而从一开始便被赋予很多特点，比如去中心化等。你认为今天这些特点依然成立吗？

第二章
从计算机中介传播到人机传播

导言：

你即将进入两个与媒体技术密切相关的传播学分支。在此之前请回忆：什么是传播？传播有哪些要素？每个要素又是如何定义的？按照传播受众的范围，我们通常将传播分为哪些领域？

第一节　传 播 的 要 素

正如美国学者保罗·瓦茨拉维克（Paul Watzlawick）所表达的那样，一个人不能不传播（one cannot not communicate）。传播行为时时充斥于我们的学习工作与生活之中。传播学则是从 20 世纪 40 年代第二次世界大战结束之后逐渐发展起来的社会科学，并于 20 世纪 70 年代末 80 年代初传入我国。关于传播（communication）的定义多达 100 多种。例如，沃伦·韦弗（Warren Weaver）提出的定义"传播是一个心智（mind）影响另一个心智的全部程序"①。而霍夫兰（Hovland）、贾尼斯（Janis）和凯利（Kelley）提出的定义

---

① Weaver W. Recent contributions to the mathematical theory of communication[C]//Shannon C E, Weaver W. The mathematical theory of communication. Urbana: University of Illinois Press, 1949.

则为"传播是一个个体通过传输刺激（通常是言语刺激）去改变另一个个体行为的过程"[1]。近期较为流行的定义是由美国学者麦克罗斯基（McCroskey）和里士满（Richmond）于1996年提出的，他们将传播定义为"通过言语与非言语信息在不同的心智中刺激意义生产的过程"[2]。我国学者郭庆光则将传播定义为"社会信息的传递或社会信息系统的运行"[3]。

一般而言，传播具有以下三个特点：

第一，传播是一个连续的、不断变化的过程，不能任意从语境中割裂出来。不论是人际传播还是大众传播场景，社会意义的产生与信息的传递都需要通过一段时间才能完成，而这过程又会随着传播双方的信息输出与输入，以及语境的变化而不断发生变化。

第二，传播是一种双向的社会互动行为。传播是双向的，而非直接线性的单向过程；并且传播参与者的相互作用是持续存在的。在传播过程中，传播的参与者通过信息的接收和反馈展开互动的社会行为。参与者的相互作用会在整个传播过程，甚至传播行为结束之后一直存在，例如一段对话会给谈话双方带来长远影响。

第三，传播是符号化的（symbolic），具有符号（symbol）、指示物（referent）与指称（reference）的语意三角关系。信息的传播需要经过符号这一中介，因此，具有编码（encode）和解码（decode）的过程。编码，或称符号化，指的是将想要表达的意义转换成以语言为主要载体的声音、文字或其他形式的符号；而解码，或称符号解读，即是将接收到的符号加以阐释和理解意义的行为。因此，成功的传播需要一个重要的前提条件，就是参与者拥有共通的意义体系。

1949年，贝尔实验室的数学家克劳德·香农（Claude Shannon）和电子工程师沃伦·韦弗在《传播的数学理论》一书中提出了传播的"香农-韦弗模

---

① Miller K. Communication theories: perspectives, processes, and contexts[M]. New York: McGraw-Hill Higher Education, 2002.

② McCroskey J C, Richmond V P. Fundamentals of human communication: an interpersonal perspective[M]. Prospect Heights, IL: Waveland Press, 1996.

③ 郭庆光. 传播学教程[M]. 2版. 北京：中国人民大学出版社，2011.

型"。在信息传播过程中,信息从信源出发,经编码后变成信号,经过信道,再经译码还原到达信宿,信宿再反馈给信源,当然其中少不了干扰(噪声)的存在(见图2.1)。

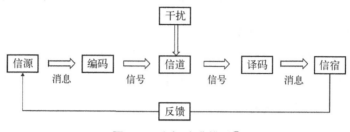

图 2.1　香农-韦弗模型①

而传播学中经典的"5W"模型与香农-韦弗模型亦相互呼应。传播学鼻祖之一的哈罗德·拉斯韦尔(Harold Lasswell)提出的著名"5W"模型中包含五大元素:谁(who),对谁(to whom),通过什么渠道(which channel),说了什么(what),有何种效果(what effect)。这一模型将传播行为表述为五个要素构成的过程,并揭示了传播研究的五个方法与领域,即控制研究、内容分析、媒介分析、受众分析和效果分析(见图2.2)。

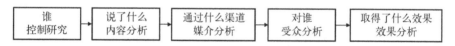

图 2.2　"5W"模型及相应的传播研究领域

📁 延伸阅读

传 播 的 难 度

日常生活中传播无处不在,然而传播并不是件容易的事情。只要想想发生在自己身上因词不达意或误会曲解带来的麻烦,你便会明白传播的难度。张嘴说话,提笔写字,抑或发送一个表情包,这对我们来说都不是难事;

---

① Shannon C E, Weaver W. The mathematical theory of communication[M]. Urbana: University of Illinois Press, 1949.

传播的难度在于，我们选择的符号是否能承载我们想传递的信息，接收者是否能顺利解读符号。想想这个表情符号 😷 所传达的意义吧，也许你会说是害羞，甚至是可爱。然而一位来自巴西的在华留学生则在微信上收到这个表情符号时感到困惑不已，"我并不是个坏人，为什么对方会发送这个害怕见到我的表情呢？"他困惑地问。

正如约翰·彼得斯（John Peters）在《对空言说》中所揭示的那样，我们永远无法实现"天使般心灵融合"的传播活动，为了传播，我们必须使用符号，而使用符号，则会无可避免地出现"交流的沟壑"。所以，也许人类永远无法建造出巴别塔①。

第二节 中介化传播

传统的传播领域依据信息发布者与信息接收者的规模由小到大依次分为自我传播（intrapersonal communication）、人际传播（interpersonal communication）、小群体传播（small group communication）、组织传播（organizational communication）和大众传播（mass communication）。传统的大众传播指的是专业化的媒介组织运用先进的传播技术和产业化手段，以社会一般大众为对象而进行的大规模的信息生产和传播活动。大众传播具有以下三个特点：大众生产，缺少个体控制，以及有限的渠道。

首先，大众生产的信息是以大量不具名的观众为对象，以最大限度地吸引观众群体为目标。大众信息在媒体产业链中以类似工厂流水线的方式被生产并发布出来。观众在整个过程中扮演的角色以信息接收者为主，能提供的反馈非常有限。

其次，观众对大众传播的内容几乎无法实现控制，而大众媒体也无法控

---

① 巴别塔是《圣经·旧约》中记载的人们建造的塔。当时人类联合起来兴建希望能通往天堂的高塔；为了阻止人类的计划，上帝让人类说不同的语言，使人类相互之间不能沟通，计划因此失败，人类自此各散东西。

制谁能消费,以及如何消费生产出来的信息。

最后,在传统媒体时代,大众媒体的发布渠道是有限的。报纸、杂志、广播、电视这些具有代表性的传统媒体尽管数量众多,但依然有限(见表 2.1)。

表 2.1　传统媒体与新媒体发布渠道数量比较

年份	期刊数量/种	报纸/种	广播节目/套	电视节目/套	网站数/万个	微信公众号/万个
1993	7 011	1 788	1 149	755	—	—
2018	10 139	1 871	2 900	3 559	523.4	>1 000*

注: * 此为 2019 年数据。

数据来源:中国统计年鉴(1993,2018)。

大众传播这种千人一面的传播方式在传统媒体时代也受到一些质疑和挑战。随着新媒体技术的发展,尤其是互联网的出现并普及,传统的面向广大群体的"广播"(broadcasting)形态逐渐分化出"窄播"(narrowcasting)形式。顾名思义,窄播指的是面对范围更小、更精准的观众群体传播信息。因此,窄播的出现使得"千人千面"成为可能。

伴随着大众媒体的小众化趋势,有学者建议用"中介化传播"(mediated communication)取代"大众传播"。中介化传播指的是以媒体技术为渠道(中介)进行的信息传输。传统的大众媒体是以媒体技术为传播渠道,故而大众传播包含于中介化传播之中。同时,依赖媒体技术进行的人际传播亦可被归为中介化传播。例如在微信和 QQ 上进行的私人聊天便是中介化传播。因此,中介化传播概念的提出使传统的从大众传播到人际传播的谱系得到了一定程度上的融合。

美国学者查菲(Chaffee)和梅茨格(Metzger)指出大众传播与中介化传播之间有六大区别[①]:

1. 渠道

大众媒体具有有限的渠道,而新媒体技术让中介化传播具有更多渠

---

① Chaffee S H, Metzger M J. The end of mass communication? [J]. Mass Communication & Society,2001,4(4):365-379.

道。例如,互联网能够提供近乎无限数量的渠道给网络节点之间的信息传输。

2. 观众

大众媒体的观众是一个巨大且匿名的"大众",而新媒体技术让信息生产者能找到更小、更聚焦的观众群体,生产的信息能针对这些观众群体量体裁衣,满足他们不同的喜好和倾向。随着带宽变得越来越便宜,内容制作者即使不获得数量巨大的观众也能实现盈利,这也使得窄播化程度越来越高。例如,微信上的热门公众号往往聚焦于某个特定话题,在某个群体中受到追捧。即使它们的订阅数量无法与传统媒体匹敌,但依然可以获利颇丰。

3. 控制

作为大众传播信息发送一方的大众媒体很难在信息发布之后控制其走向和使用。比如,一份报纸从印刷厂出来之后,报社无法决定这张报纸最终被谁阅读,或者被谁用来包垃圾。然而新媒体技术能够在很大程度上跟踪用户,通过用户画像描述用户的信息使用。

4. 传输

大众传播的信息通常是在特定渠道中传输的,并且传播方式也较为固定。例如不同电台拥有不同频段,电视节目按时段进行播放。然而中介化传播的传输方式多种多样,假设一个观众错过了在电视上观看某个电视节目,那么事后也可以在视频网站上找到相应的节目进行下载和观看。

5. 典型代表

大众传播与中介化传播的一个差异是各自的典型代表。当我们提到大众传播时,我们首先想到的是报纸和电视,然而当我们提到中介化传播时,基于互联网的各种应用,比如网页和社交媒体平台,便成了最先映入我们脑海的例子。

6. 学习

大众传播与中介化传播的最后一个差异是它们如何鼓励学习。大众传播下的学习主要通过观察与模仿。例如小朋友们通过观看动画片《喜羊羊与灰太狼》来学习如何与小伙伴相处,如何与坏人周旋。然而新媒体技术使得学习更具有互动性。例如通过玩运动电子游戏(exergame),将数字游戏与体育活动结合在一起,玩家可以沉浸式做各种运动,从而形成健康的生活方式。

📁 **延伸阅读**
....

中介化传播中的自媒体——以"黎贝卡的异想世界"为例

"自媒体"(we media)这个说法是由美国专栏作家丹·吉尔摩(Dan Gillmor)于2002年7月在博客中提出的,意在表达参与式的新闻生产方式。这个术语很快被中国学界与业界采用,并突破了新闻生产的范畴,体现了"人人即媒体"的思想和实践。自媒体在中国社交巨头微信上发展尤为迅速,2019年微信公众号突破1 000万规模,其中的头部公众号更是从单一微信公众号发展为矩阵式社群营销来实现盈利。

2014年10月,《南方都市报》原首席记者方夷敏创办时尚类微信公众号"黎贝卡的异想世界",获2018年"时尚公众号商业影响力年度榜单"首位,目前已发展为一款主打时尚传播的人气时尚品牌,覆盖电商、社交、媒体等全平台,拥有"异想家族"矩阵5个、全网读者1 000余万、合作品牌近500个,形成集内容创作、粉丝经济、广告推广、线下互动和品牌输出等为一体的矩阵式社群营销体系。"黎贝卡"被誉为"买买买教主",以"闺蜜"式身份、人格化输出,引导粉丝过一种实用而有格调的生活,入选2019年福布斯中国意见领袖50强。

第三节　计算机中介传播

随着新媒体技术的兴起,中介化传播变得越来越数字化。以互联网为基础的各种新媒体技术具有越来越强的互动性。互动性指的是一个序列中信息的相关程度，尤其是后续信息对之前信息中细节的回应程度。互动性已经成为现代媒体技术的一种基本特性。同时，互联网的去中心化特点也深深地影响着新媒体技术的发展方向。于是，计算机中介传播（computer-mediated communication，CMC）这个领域诞生了[①]。

计算机中介传播指的是任何通过计算机技术或者在计算机技术的帮助下完成的人类传播行为[②]。从广义上说，计算机中介传播包含了符合人类传播范畴的计算机使用的各个方面[③]。

严格说来，自计算机诞生之日起，计算机中介传播就开始出现，但是一直到20世纪90年代中期互联网开始普及之后才引起足够的学术关注，成为一个独立的研究领域。1995年，国际著名期刊 *Journal of Computer-Mediated Communication* 创刊于美国印第安纳大学。当然，这里的计算机并不仅仅指单机，更多是指连入互联网的计算机。考虑到CMC与网络传播的内涵基本相同，中文论著通常称CMC为"网络传播"。如国内新闻传播学界著名学术集刊《中国网络传播研究》的英文刊名即是 *China Computer-Mediated Communication Studies*。

回顾之前讨论的传播模式，我们可以看出，计算机中介传播不同于传播其他领域之处在于其对传播渠道进行了特别的限定，即必须借助计算机技术；而其他传播元素与一般的传播无异。因为计算机技术仅仅扮演信息发送渠道的角色，因此，正如该领域的著名学者约瑟夫·沃尔瑟（Joseph Walther）和阿特·拉米雷斯（Art Ramirez）所言，计算机中介传播的研究视角多为功能主义视角[④]。

①　张放. 论"computer-mediated communication"的中译定名问题：基于学术史与技术史的考察[J].
　　新闻与传播研究，2016（9）：104－112.
②　Thurlow C，Lengel L，Tomic A. Computer mediated communication：social interaction and the
　　internet[M]. London：Sage Publications，2004.
③　Santoro G M. What is computer-mediated communication[C]//Berge Z L，Collion M P.
　　Computer mediated communication and the online classroom. Cresskill，NJ：Hampton Press，
　　1995.
④　Walther J B，Ramirez Jr A. New technologies and new directions in online relating[C]//Smith
　　S W，Wilson S R. New directions in interpersonal communication research. London：Sage
　　Publications，2009：264－284.

第四节　人 机 传 播

顾名思义,人机传播(human-machine communication,HMC)就是人与机器之间的传播,也即人与机器之间进行的意义生产与传播。延伸传统的传播模式,人机传播指的是当交流的一方变成机器后所进行的传播[①]。

2016年6月在日本福冈举行的国际传播学会(International Communication Association)年会上,一场名为"与机器的交流:我们生活中正在崛起的数字交谈者"的学术交流吸引了学界与业界的关注。在这场会议上,来自世界各地的传播学者一起探讨了一个崭新的传播问题:当传播跨越人类的边界,引入新兴的交流对象——机器时,传播将会变成怎样? 2019年,国际传播学会将人机传播列为兴趣小组(interest group),成为与大众传播、健康传播等传统传播学分支并列的30多个分支中的一员。这是全球传播学界最高级别的学会第一次以会议的形式正式承认了人机传播这个领域,具有相当大的历史意义。

在传统的传播现象中,信源(who)和信宿(whom)均局限为人。在人类上万年的进化过程中,科学技术发展还未达到能够提供人造智能交流对象的水平。因此,在通常情况下,人类成为传播过程中的唯一参与者。然而,当机器作为一种交流对象成为信源或者信宿,与人类进行信息传递时,其带来的改变却是深远而具有革命性的。这些影响不仅在于传播本身,还在于对信源、信宿等传播元素的重新定义[②]。

(一) 对"人"的重新定义

从生物学上讲,人属于哺乳纲灵长目人科人属智人种。与其他生物相

[①] 当传播的双方都是机器时,即机器-机器传播也是存在的,但是不在人机传播的讨论范围内。

[②] 牟怡,许坤.什么是人机传播?:一个新兴传播学领域之国际视域考察[J].江淮论坛,2018(2):149-154.

比，人类具有高度发达的大脑，懂得使用语言，也具有很强的社会属性。区别于其他生物，人类能够利用技术弥补自身的弱点与不足。与此同时，技术也在作为身体的延伸重新塑造着人类。1960年两位美国学者曼弗雷德·克莱恩斯(Manfred Clynes)和内森·S. 克莱恩(Nathan S. Kline)为了解决未来人类星际旅行中面临的问题，引入了赛博格[cyborg，为"机械有机体" (cybernetic organism)的简称，也译作电子人]的概念，提出将机械部件融入有机体的理念。这一当年新奇的观点到了今天已经司空见惯，各种机械正逐渐被植入人体内用于增强和改善人类的生理机能，比如心脏起搏器、人工耳蜗以及最近热门的脑机接口技术。

美国传播学家弗兰克·比奥卡(Frank Biocca)早在1997年就提出"赛博格的两难困境"(the cyborg's dilemma)，指出技术越是提供"自然的"、具身的交互界面，这样的交互越是将使用者变得"非天然"①。随着人类变得越来越"非天然"，那么"人"的定义是否也会随之发生改变？对人的定义是否还将局限在从母体生产出来的100%有机体上，抑或是包含了植入其中或紧贴体表的那些机械部分？"人"的概念势必会因科技的发展而被重新定义。

(二) 对"机器"的重新定义

机器是一种可用来变换或传递能量、物料与信息的机构的组合。在对机器惯常的描述中，"冷冰冰的""毫无生命的"是常见的形容词。正因为如此，在过去几百年的历史中，人类与机器几乎谈不上交流。然而，从20世纪上半叶开始，人类开始把"智能"的概念赋予了机器。从艾伦·图灵(Alan Turing)的"图灵机"构想到今天的人工智能发展，人类逐渐开始拥有了一个非人的智能交流体。今天人工智能、聊天机器人、社交服务机器人这些概念都在慢慢为人们所熟知。

从咖啡机到台灯再到社交机器人，这些都算作是机器。然而人机传播

---

① Biocca F. The cyborg's dilemma：progressive embodiment in virtual environments[J]. Journal of Computer-Mediated Communication，1997，3(2)：12 - 26.

中的机器应该具有何种特征？传播学者安德里亚·古兹曼（Andrea Guzman）的研究表明，人与机器的不同存在于起源、自治性、工具/工具使用者的状态、智能水平、情感能力，以及先天缺陷等几个方面①。人类对智能的认知是随着时间而变化的。例如，十多年前我们认为复印机很智能，但是今天如此认为的人会少很多。因此，尽管有意义的交流过程对双方的智能有一定的要求，但是人机传播并没有刻意强调机器的智能。很显然，为了获取最大范畴，人机传播的定义并未对机器需要具备的条件加以细化。这也是人机传播领域被称为"人机传播"而非"人-AI 传播"的重要原因。

（三）对"传播"的重新定义

人与机器之间的传播具有一些额外的特点。一方面是由于目前机器缺少一些人类具有的特征，例如意识、常识和情感；另一方面则是因为机器具备人类所不具备的很多功能。例如，通过计算机与聊天机器人聊天，这应该毫无争议地算作传播；然而通过计算机输入一段代码调亮计算机显示器的亮度，这是否算作传播？计算机显然是对一个言语刺激（可能是非自然语言）做出了反应，但是这个反应（调节亮度）不是人类通常所能做到的。因此，在过去相关的工业设计等领域的研究中，更多使用的是人机交互（interaction）这个名词，而绕开了传播的概念。然而，随着传播学分支领域的人机传播的出现，重新定义"传播"这个概念势在必行。

📁 延伸阅读
....

脑 机 接 口

脑机接口（brain-computer interface，BCI）是一种从大脑中提取特定的生物电信号，依据现有的认知神经科学理论，进行有效的解码，建立起与外

---

① Guzman A L. Ontological boundaries between humans and computers and the implications for human-machine communication[J]. Human-Machine Communication，2020(1)：37 - 54.

部系统的沟通，实现控制与操纵外部仪器或设备动作的技术。在 2014 年世界杯开幕式上，高位截瘫的巴西青年朱利亚诺·平托(Juliano Pinto)身穿一套称为机械外骨骼机器衣的装置在众多工作人员的帮助下，通过巴西裔神经学家米格尔·尼科莱利斯(Miguel Nicolelis)开发的脑机接口技术开出了此次世界杯的首粒球。虽然这不到 3 秒的镜头画面实在让人难以看清究竟是谁踢出了足球，但这一事件仍旧引起了不小的轰动①。2019 年 7 月，硅谷"钢铁侠"埃隆·马斯克(Elon Musk)旗下的脑机接口初创公司 Neuralink 称：他们使用神经手术机器人向大脑内植入 N1 电极，找到了通过 USB－C 接口读取大脑信号的高效方法，并于 2020 年底在人类患者身上进行试验。这一技术可以实现大脑对运动、体感、视觉等多感官通道的控制，并且具有良好的安全性与耐久度。也许在不久的将来，我们真的可以直接通过手机应用程序实现脑-机互动。

第五节　从人际传播到人机传播

人机传播是一个过程，交流的双方(人与机器)会产生相互作用，传播的过程也是符号化的。只不过机器可能会带给传播另一端的人以不同的交流体验，继而产生与人际传播不尽相同的传播效果。

人机传播对人际传播的革新之处来源于机器的独特性与特殊性。一方面，机器目前不具备人类的诸多特质，比如自我意识、通用智能，以及常识。但是另一方面，机器在很多方面又是优于人类的，尤其是在理性的思维过程，比如逻辑、运算、记忆等方面。前者质疑了传统传播概念的基本前提假设，后者则更新了我们对交流效果的认识。同时，从人的角度来说，面对机器时使用者的表现是否与面对人时的表现一致，也是需要探讨的问题。因

---

① 参见倪剑光，脑机接口：我思，故我"动"，见 https://baijiahao. baidu. com/s? id＝1596960193974841920&wfr＝spider&for＝pc.

此,在人机传播研究中,仅有计算机中介传播中常用的功能主义视角是不够的,还需要引入技术现象学下的多个人机关系视角。

在计算机中介传播中,机器(计算机和互联网代表的技术)仅仅扮演着传播渠道的角色。而在人机传播中,机器则处于信源和信宿的位置,或者更直白地说,机器扮演了一个对话者的角色。不仅如此,很多场景下机器可以同时充当信息发送者、接收者和渠道。例如在智能音箱的使用中,它可以与用户对话,亦可以充当普通的音乐播放器(渠道)。如学者希亚姆·孙达尔(Shyam Sundar)总结的那样,从研究视角来说,计算机中介传播研究关注的是媒介的短处,即为什么人际交流会在中介化传播中变得不同? 而人机传播研究则着重考察人类心智的不足,即为什么人类在与机器和与人类的交流中如此相似[①]?

延伸阅读

技术中介理论

作为技术现象学的代表人物,美国哲学家唐·伊德(Don Ihde)提出的"人—技术"关系理论关注人与技术的关系问题,认为两者不能孤立看待,尤其是技术在人与世界的关系中起着重要的调节关系。他尤其强调意向性(intentionality),即意识的普遍本质。技术是人与世界之间的中介者,而非中立者。这种中介性便是伊德提出的技术意向性(technological intentionality),即技术具有塑造自身使用的意向性,不同于人的意向性。技术中介的意向性关系如下[②]:

人—技术—世界

而技术在人与世界之间的调节性中介作用具体又分为两种。一种是具身(embodiment)关系。在这种关系中,外在的物化技术变得"透明",仿佛

---

① Sundar S S, Jia H, Waddell T F, et al. Toward a theory of interactive media effects (TIME)[M]. New Jersey: John Wiley & Sons Inc, 2015.

② 唐·伊德. 技术与生活世界:从伊甸园到尘世[M]. 韩连庆, 译. 北京: 北京大学出版社, 2012.

"抽身而去"或者真正与人类融为一体，典型的例子是眼镜。其关系可以表示为

（人—技术）→世界

另一种中介关系为诠释（hermeneutic）关系。在此种关系中，技术提供了世界的表征，作为我们诠释世界的依据，最好的例子便是温度计。其关系可以表示为

人→（技术—世界）

除了中介关系之外，还有一种他异（alterity）关系。在这种关系中，技术堪称一个准他者（quasi-other），例如智能机器人。其关系可以表示为

人→技术（—世界）

最后一种人机关系是背景（background）关系，即技术作为生活背景与氛围嵌入背景之中，人们常常注意不到其存在，例如电。其关系可以表示为

人（—技术—世界）

继伊德之后，后现象学家费尔贝克（Verbeek）除了肯定中介意向性外，还进一步补充了另外两种形式的意向性①。一种是混合意向性（hybrid intentionality），即赛博格关系（cyborg relation），它将人与技术两者之间的相互关联变成两者的融合，进而形成一种新的实体（entity）。其关系可以表示为

（人／技术）→世界

在此基础之上还存在另一种复合意向性（composite intentionality），即复合关系（composite relation），不仅人类有意向性，人类存在所使用的技术亦有意向性，而且后者起到核心作用。其关系可以表示为

人→（技术→世界）

这些关系模式也可以被运用在看待媒体技术与人类的关系上。

在计算机中介传播领域一直存在一个争论，即面对面交流是否应该成

---

① Verbeek P P. Cyborg intentionality：rethinking the phenomenology of human-technology relations[J]. Phenomenology and the Cognitive Sciences，2008，7(3)：387-395.

为评估交流效果的标准？正如认知科学家吉姆·霍兰(Jim Hollan)和斯科特·斯托尔内塔(Scott Stornetta)所指出的,很多人把面对面交流作为一种交流的"金标准"。这样的假设可能是有道理的,因为在社会进化的大部分时间里,我们一直使用面对面的交流作为交流规范,通信系统也经常被设计成类似于面对面交流的方式①。很多人认为,很少有通信技术能够像谈话那样传递非言语元素,因此,计算机中介传播中存在一些丢失或缺少的东西。例如,电话技术只能传递语音、语调和语速等信息,而短信只能传递文字信息,即基本的单词和一些表达基本情绪的表情符号。然而,这种观点限制了我们对中介化传播的理解,因为它不仅混淆了社交线索和沟通功能,而且否认了中介化传播效果更优的可能。对此,计算机媒介化传播学者沃尔瑟和拉米雷斯(Ramirez)指出计算机中介传播研究中的另一个重要观点,即"功能性"方法。他们认为该研究领域的进展更可能来自对理论相关和传播渠道一般特性的研究,而不是简单地将每个新渠道与面对面交流进行比较,或将每个新渠道与它声称要取代的渠道进行比较;更重要的是要把注意力集中在为什么以及如何使用各种功能的技术上,而不是只放在正在使用的渠道上。在接下来的章节中我们将继续探讨这个问题。

本章小结:

本章在对传播定义与模式进行回顾的基础上,介绍了计算机中介传播与人机传播的定义。计算机互联网技术使得传统的大众传播与人际传播之间的界限模糊,顺应技术的发展,传播学家提出中介化传播的概念。基于此,任何通过计算机技术或者在计算机技术的帮助下完成的人类传播行为被称为计算机中介传播。而随着人工智能技术的发展,智能机器使得机器与人类之间有意义的传播成为可能。人与机器之间进行的意义生产与传播即是人机传播,人机传播给传播带来变革性的影响。

① Hollan J, Stornetta S. Beyond being there[C]//Proceedings of the SIGCHI Conference on Human Factors in Computing Systems,1992:119-125.

思考题：

1. 请在传播模式的基础上比较计算机中介传播与人机传播的异同。

2. 结合第一章中讨论的人机关系哲学视角，请对人机传播中可能采用的哲学视角进行讨论。

第二部分

计算机中介传播

第三章
互联网的特点和使用

导言：

你第一次使用互联网是什么时候？那时的互联网具有怎样的特点？到今天，互联网和基于互联网的各种技术的本质是否与当初相比发生了变化？如果有，你觉得是什么造成了这些变化呢？

第一节 互联网的特点

互联网（internet）是基于 TCP/IP 协议（传输控制协议/互联网协议）连接的庞大网络，又被译为因特网。英文单词 internet 作为一个普通名词，指的是网络的网络；而 internet 作为一个专用名词，指的是全球化网络，即万维网。从传播学的角度，互联网是一种用于各种用途的传播工具。

不同于传统的组织，互联网并非一个自上而下、单向运行的网络；互联网的用户在很大程度上控制和管理着他们自己。互联网上不存在一个绝对的中心，各个部分都同等重要。也就是说，即使互联网的一部分出现故障，其他部分也能支撑它们正常运行。

互联网是一个由每个用户控制的系统，这些用户的个人和集体行为很大程度上决定了互联网的走向。在社交媒体时代，这一点变得尤为突出。互联网已然成为一种社交工具，用户们不仅相互分享数据和信息，还形成各种关系参与到对方的想法、感受和行为中去，进而形成一个持久的互联的空间。

延伸阅读

互联网是什么？

作为深刻影响人类社会的一种技术，互联网固然有技术视角下的准确定义，但不妨碍人们从不同视角对它进行阐释。例如美国技术评论家、《失控》的作者凯文·凯利（Kevin Kelly）认为，互联网是一台复印机，它将我们为之提供的一切行为、一切特征、一切想法拷贝成了复制品，并将这些信息从互联网中的一个角落传输到另一个角落①。再比如，美国著名科幻小说家大卫·杰勒恩特（David Gelernter）将互联网比喻成"镜像世界"，即物理世界的虚拟映射，就像一个小镇倒映在平静的湖面上；但因不同的观察者具有不同的生命体验，故而倒影中包含了在真实生活中的不同感受②。

图3.1　2006年《时代》年度人物

延伸阅读

2006年《时代》杂志年度人物

2006年，《时代》杂志将"你"评选为年度人物。这是《时代》杂志第一次将这个荣誉授予了普通人，而非那些功勋卓著或呼风唤雨的风云人物。有意思的是，揭晓结果的这一期杂志的封面选择了YouTube的样子，而"你"的呈现则是使用了一个类似镜子的技巧，让读者能从中看到自己（见图3.1）。联想到2006年异军突起的YouTube和其他Web

---

① 凯文·凯利. 技术元素[M]. 张千舟,于倩,周峰,等译. 北京：电子工业出版社,2012.
② 刘锋. 互联网进化论[M]. 北京：清华大学出版社,2012.

2.0产品风靡全球的盛况,也就不难解释《时代》杂志的这个选择了。

第二节 作为社交空间的互联网

作为传播工具的互联网是一个虚拟公共空间。在互联网虚拟空间中人们可以相互连接,社交共享,实现各自的传播目标。既然是一个公共空间,互联网就必然遵循一些共同准则。美国哈佛大学法学教授乔纳森·齐特林(Jonathan Zittrain)在他2008年出版的著作《互联网的未来》(*The Future of the Internet*)中提出了三个原则,分别为生成力原则、无行为控制原则和简易性原则。

生成力(generativity)原则,即互联网用户可以在网上生成或创造出自己的内容。在这个去中心化的开放系统中,用户能按照自己的意愿创造出各种用户生成内容(user-generated content,UGC),比如自己宠物猫的视频,或者美食博客。当然这也包括不良的甚至是恶意的内容,例如各种各样的计算机病毒等。

无行为控制(no control of behavior)原则,以开放的分布式的方式去设计互联网系统,不是为了控制用户的行为,而是为了让用户自由地使用。早期互联网世界的唯一规则就是用户们自主制订的行为规范,"居住"在这些新空间的人们知道管理自己的最佳方式是什么。然而,这样的设计有利有弊。一方面,所有用户都可以自由地创新和定制网络,以满足他们的需求;另一方面,并不是每个人的需求都出于正当目的——广泛存在的病毒和间谍软件便是典型例子。

简易性(simplicity)原则,即互联网被设计成以一种非常简单的方式运行,在创造它的过程中基本没有什么限制或规定。齐特林指出这种简易性背后的两个次生原则:

(1)拖延症原则(procrastination principle)。许多互联网初期创始人都认同一个非常简单的理念:如果它没有坏掉,就不要修理它!更有甚者认为,在系统崩坏之前不要有任何尝试修理它的想法。与其试图预见互联网所有的潜在问题,并采取相应措施和程序来阻止这些问题发生,不如保持网络的开放,等问题出现后再进行修复。其逻辑是,如果互联网系统保持开放状态,用户可能会比任何一个管理机构更先想出更好的解决方案;而且当局面没有崩坏时,你也不会想要扼杀用户的创造力。

(2) 信任友邻原则(trust your neighbor principle)。作为一个用户生成的系统,互联网的功能因用户而变,用户被赋予了创造和生成供所有人使用的内容与程序的权利,而这种权利近乎无限。用户创造的内容及程序所带来的损害或益处通常没有实际后果;互联网只有在用户愿意并有能力让它工作的情况下才能发挥作用,而互联网的奠基人相信这是最好的设置方法。因此,他们让互联网系统保持开放性。

第三节　Web 2.0

科技作家蒂姆·奥莱利(Tim O'Reilly)于 2005 年提出 Web 2.0 的概念,以便将现阶段的互联网与之前的 Web 1.0 时代区分开来[①]。Web 1.0 时代,用户使用互联网是为了方便查找静态信息,早期的门户网站就是典型应用。而与 Web 1.0"阅读和检索"的特性不同,Web 2.0"创建和协作"的特性使互联网用户能够在赛博格空间中主动发布和共享新内容。奥莱利以各类社交媒体平台为例阐述这个观点。例如在维基百科上,用户可以自主选择主题,并为其创建和编辑百科全书风格的词条;在 Facebook 上,用户在其中创建并与他人分享个人故事;通过博客,作者们记录和报道公民对各种问题的讨论;在 YouTube 上,用户制作并与他人分享视频。奥莱利认为,数字媒体的前景是让用户成为媒介内容生产和消费的中心。例如,以微博为例,2019 年微博用户每天视频和直播的日均发布量为 150 万个以上,图片日均

---

① 见 https://www.oreilly.com/pub/a/web2/archive/what-is-web-20.html.

发布量为 1.2 亿张以上,长文日均发布量为 48 万条以上,文字日均发布量约为 1.3 亿条①。只有少部分人创造的内容才能被公众接收的时代已经过去了,在社交媒体上,每个人创作的内容都可能受到关注。

　　然而,Web 2.0 是一个颇有争议的词,有些人认为它只是一种营销策略,目的是向我们"推销"互联网的实用性;另一些人则认为,将 1.0 与 2.0 区别开来是毫无意义的。然而无论如何,所谓的 Web 1.0 和 Web 2.0 之间似乎确实存在一些重要的差异,即使这些差异更多的是关于如何使用技术而不是技术本身。换言之,互联网的技术并没有真正发生跨越性的改变,但我们使用它的方式确实发生了变化。新媒体学者克莱·舍基(Clay Shirky)认为,互联网的未来深深扎根于对技术发展的功能的理解。社交媒体工具带来的诸多可能性,让今天的我们实现了以往看来不可能实现的目标,这是一个质的飞跃。舍基进一步指出,这些社交媒体工具并不会真正改变人类的动机和目标,而是改变我们实现这些目标的能力②。

　　同时,我们不得不看到,潜在的数十亿用户正在以近乎恒定的周期添加和编辑信息,目的是为了创建和协作共同的信息内容。巨量的信息可能就会让人难以厘清和理解。于是有人展开了关于 Web 3.0 的讨论,这个新一代网络被许多人称为"语义网"。但语义网络程序也引起了人们对数据隐私的担忧——比如零售商店在消费者不知情的情况下收集了他们的购买习惯,并在营销活动中使用这些信息。

📁 **延伸阅读**

从小众走向主流的弹幕

　　弹幕指的是在网络上观看视频时弹出的评论性字幕,通常是简短的文字和表情符号的组合,由于大量评论从屏幕上飘过时的效果看上去像是飞

---

① 见 https://www.ithome.com/0/407/906.htm.
② 克莱·舍基. 未来是湿的:无组织的组织力量[M]. 胡泳,沈满琳,译. 北京:中国人民大学出版社,2009.

行射击游戏里的弹幕，所以取名为弹幕。弹幕视频系统源自日本弹幕视频分享网站(niconico 动画)，国内首先引进为 AcFun(A 站)以及后来的 bilibili (B 站)。从 2012 年起，弹幕开始变为视频网站的标配，一些电影如《秦时明月之龙腾万里》开始把弹幕引进影院。2014 年，Echo 和 QQ 音乐开始在音乐中引进弹幕。2015 年，"当读小说"App 尝试在文学中引入弹幕，欢乐书客与起点中文将弹幕改进为间帖与本章说以符合文字阅读的沉浸性。

传播学者曾一果认为，弹幕文化是一种亨利·詹金斯(Henry Jenkins)所言的参与式文化(participatory culture)，日新月异的媒介技术让普通公民能够借助技术赋权参与到对电视媒介内容的存档、评论、挪用和再传播中，传统的媒介消费者变成了媒介生产者。随着数字媒介技术的快速发展，消费者和生产者的关系更加模糊。在数字媒介时代人们不再满足于被动地消费信息，"而是希望自己能够主动地生产信息、完成交流。我们同时既是消费者，又是生产者"(韩裔学者韩炳哲言)①。弹幕的流行反映了青年群体日趋多样化的情感需要和价值诉求(见图 3.2)。

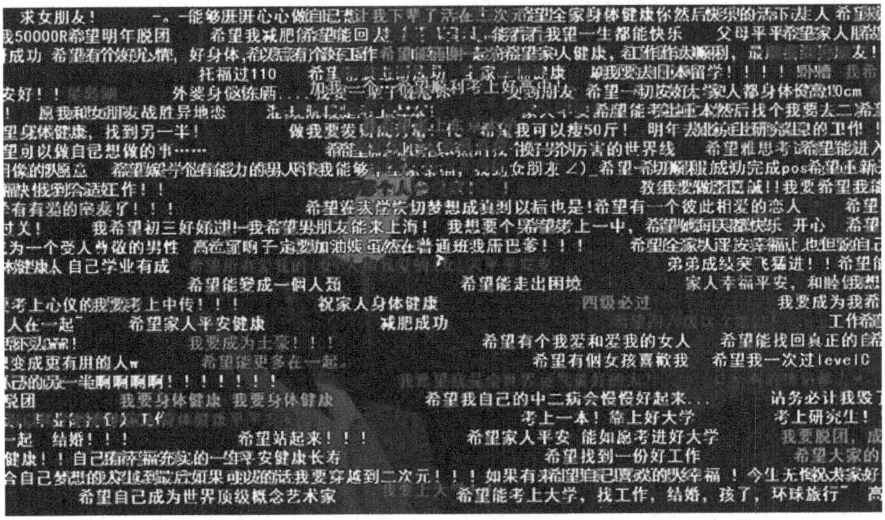

图 3.2　视频弹幕截图

(图片来自网络)

---

① 韩炳哲. 在群中：数字媒体时代的大众心理学[M]. 程巍，译. 北京：中信出版社，2019.

第四节　互联网的核心能力

在定义 Web 2.0 时,奥莱利提出了互联网的七种核心能力,充分体现了他的技术理念。

(一)提供服务,而不是提供软件本身

当在网页上访问知乎或者 bilibili 网站时,我们不必安装专门的软件,就可以通过互联网浏览器来访问这些站点。这与云计算的概念有异曲同工之妙,即通过安装在中央服务器中的计算机程序来提供服务,而不需要购买单独的计算机本身。人们关注的重点开始从给用户推销软件向与之共享软件转移。互联网为用户提供了一个平台,并让用户以他们想要的方式做想做的事情。更进一步,平台让用户根据自己的需求定义服务,为形成趣缘共同体创造了可能。例如豆瓣网站上各种各样的兴趣小组便是生动的例子。

(二)使用越多,数据越完善

正如"走的人多了,就有了路",人们使用某个工具的次数越多,这个工具就会变得越来越顺手,越来越好用。让我们回想一下 2011"微信元年"时的情形。那时微博正如日中天,吸引着大量用户参与,微信起初只被小部分人使用。微信如果一直只有当初那么少的用户使用,那么就不会成为今天的社交媒体巨头。正是因为诸多用户在微信上分享信息、吐露观点、记录生活,才将今天的微信与其他社交媒体应用区别出来。

(三)信任用户,将他们作为共同开发者

与前面讨论的信任友邻原则类似,Web 2.0 的一个重要特征是网络开发人员必须与用户合作并信任用户,以共同开发和创造技术。例如维基百科,一个基于互联网的开源和开放访问的百科全书,它由用户而非专业编辑

来编写。这样网站如果想要具备可信的信息，就需要用户的投稿和信息更正的准确性。只有当用户能够信任、愿意并能够参与它的创作时，维基百科才能有效运转。

（四）利用集体智慧

Web 2.0 的另一个特质是众包。通常情况下，听取来自更多人的观点，比只听取小部分人的观点要更好，因为有用信息可能来自四面八方，在互联网上的共同创造和协作中尤其如此。正如舍基所指出的，在当今新媒体环境下，众包是有意义的，我们能够从任何人那里获得贡献，不管他们的社会地位如何，也不管每一个人独特的贡献有多少，因为创造、分发、管理和分享这些想法的成本已经大大降低。这里我们不得不再次提到维基百科，由于平台的开放性，任何可能知道某个特定话题的读者，都可以做出贡献。当一个人在一个话题中添加虚假信息时，我们可以依靠群体的集体智慧来纠正错误，而且发现错误的难度会越来越低，因为有那么多的人都在使用这个平台。

（五）借助长尾效应

奥莱利借助长尾效应概念指出，我们能够从任何对某个主题有认知的人（即使是边缘人群）那里获得关于任何既定主题的更具体、更准确或更完整的想法和信息。例如虽然研究艾滋病的科学家对人类免疫缺陷病毒（HIV）本身的生物学以及它如何影响人类生物系统有很深入的了解，但一名艾滋病病毒携带者也许可以告诉我们一些他/她感染病毒的经历，由此，维基百科将科学家和个人经验相结合，可以为我们提供一个关于艾滋病病毒更全面的视角。随着越来越多的互联网用户在社交网络上生产信息，Web 2.0 借助长尾的力量变得越来越简单。

（六）非设备专用软件

奥莱利认为，Web 2.0 的另一个关键要素是，各种不同的软件程序并不依赖于一个特定设备来使用。例如微博,用户可以通过任何种类的终端设备登录自己的账户,包括台式机、笔记本电脑、平板电脑和智能手机 App。

(七) 轻型界面

1946 年宾夕法尼亚大学研究出来的第一台计算机——ENIAC,售价是今天的一台智能手机的 1 万多倍,体积是 4 000 万倍,功耗是 40 万倍,重量是 12 万倍,但计算能力只是后者的两千分之一。因为使用电子管,早期计算机体积比较庞大,往往需要一整个房间来储存。而今天,只要有网络连接,一部智能手机几乎能做所有的事情。而它有多大? 一部华为 P40 手机与一个成年人的手掌差不多大,重量也只有 175 克,你可以把它带到任何地方,完成几乎所有依赖网络的操作。这种逐渐提升的移动性允许一些非常惊人的事情同时发生在线上和线下、虚拟空间和物理空间里。也正因如此,诸多互联网巨头纷纷把目光瞄向手机终端,而非传统的 PC 终端。

 延伸阅读

网 络 迷 因

网络上很多看似荒诞的行为,背后实则有着深刻的原因。最典型的例子就是网络迷因(internet meme)。迷因(meme)一词最早出现于牛津大学生物学家理查德・道金斯(Richard Dawkins)1976 年所著的《自私的基因》(*The Selfish Gene*)中,道金斯将其视为文化传播的单位。网络迷因则指的是迅速在互联网用户间传播的理念或信息,它可以是个笑话、一句话、图像、视频,甚至可以是某个网站。在网络迷因的传播过程中,所有传播都是自发的,没有任何强迫或自动发送属性;迷因的内容可能保持原样,也有可能会被后来的接收者加以改造或延伸。它们在网络上消逝的速度可能与爆红的速度一样快,几天之内就有可能不见踪迹了。同时,其内容本身不讲究逻辑或理性,参与者更专注于参与传播过程本身。

有学者认为,网络迷因是互联网上亚文化巩固圈层的工具。这是因为迷因传播的参与,存在着一定的"准入"机制。在一个圈层内出现病毒式传播的内容迷因,在圈外人的眼里可能不构成任何意义,而圈层外的人想融入某集体也往往需要掌握该圈层中的"行话"及"内部迷因"①。

📁 **延伸阅读**

谷歌流感趋势

流行性感冒,简称为流感,是常见的季节性流行病。每年全球流感病毒会感染300万到500万人,其中大约50万人会因此去世。流感病毒经常在温度较低的季节迅速传播,因为那个时节人们常常会在室内聚集。为了应对流行病,许多机构,如各国的疾病控制中心,致力于追踪流感和其他疾病,以便更好地为此做准备,保护民众免受其影响。

通过追踪流感相关搜索词的情况,谷歌的非营利部门(www. google. org)开发了一个交互式地图,试图通过绘制单个谷歌用户的搜索活动来跟踪流感的潜在传播趋势和范围。尽管我们需要谨慎解读这类数据,因为人们在所谓的流感季节会使用更多与流感相关的搜索词,但它确实说明了长尾的力量,可以为我们揭示出更大范围的社会趋势。

第五节　媒体技术的使用与满足

作为社会科学理论的媒介理论侧重于媒介与人的关系,其中许多媒介效应理论讨论的是媒介对我们做了什么,以及使用的媒介如何影响我们。然而,使用与满足理论更关注我们如何利用媒介。社会学家卡兹(Katz)、布鲁姆勒(Blumler)和古列维奇(Gurevich)将对媒体技术的使用与满足分解为

---

① Shifman L. Memes in digital culture[M]. Massachusetts: MIT Press, 2014.

以下几个部分[①]：

（一）社会和心理的根源

社会生活环境中有很多方面可能会对我们产生影响。我们的身体和心理特征以及周围的人和传统，都无一不影响着我们的思想、认知和行为。

（二）需求造就

我们每个人都有自己独特的需求。其中，有些需求来自人类的生物性，例如，所有的人都需要吃饭和休息，以确保可以生存下去。还有些需求由社会性发展塑造，比如一个外向的人想拥有一个较大的朋友圈，以满足其社交需求。

（三）期望

作为个体的我们对如何满足自己的需求产生了期望。很多期望来自我们看到其他人出于相似的目的做出了某些媒介使用决定，并见证了这些决定的结果；还有一些期望来自我们过去使用类似媒介产品的经历。这样的期望来自一个反复试错的过程，在这个过程中，我们最终会看到什么样的产品能够满足我们的需求。如果它在过去对我们有效，那么我们很可能会认为它在将来还会对我们有效。例如期望通过打电子游戏缓解压力或者宣泄负面情绪，这就是宣泄理论的核心观点。

（四）大众媒介使用的后果

在我们所处的环境中，有很多工具可以用来实现我们的目标。其中，中介化传播是环境中特别具有可塑性的一部分。也就是说，我们可以很好地控制我们所选择和使用的媒介工具。例如，拥有很多来自工作上的负面情

---

① Rubin A M. Uses-and-gratifications perspective on media effects[C]//Bryant J, Oliver M B. Media effects. London: Routledge, 2009: 181 - 200.

绪的人可以选择辞职，不再把自己暴露在沮丧的根源之下，但这并不是一个容易做出的选择。对于这些人来说，选择观看他们最喜欢的情景喜剧或者玩几个小时的电子游戏来分散注意力，或许更合理。

（五）不同媒介接触的后果

基于我们的需求以及那些我们认为能够满足这些需求的事物，有目的地选择我们所认为的最有效的途径。这种媒介接触的模式，将根据与之相关的需求和期望而变化。

（六）需求满足

使用媒介渠道来满足需求的一个可能结果是需求得到了满足。也就是说，用户所寻求的满足（期望）和实际获得的满足（结果）之间形成了有效的匹配。在这种情况下，一个人在未来更有可能选择相同渠道来满足同样的需求，而这又反过来影响了人们对可以带来满足的行为的期望。然而，也可能出现用户寻求的满足与实际获得的满足不匹配的情况，在这种情况下，人们今后很可能不会再重复这种选择。

（七）意料之外的其他后果

除了期望和效果匹配与否的结果之外，我们还可能会遇到媒介使用的意外后果，这些后果可能影响到个别用户。例如，为了逃避现实压力而打电子游戏，有可能会导致游戏成瘾的意外结果。

📁 延伸阅读

天生的赛博格

学者安迪·克拉克（Andy Clark）在《天生的赛博格：思想、技术和人工智能的未来》一书中提出，技术和人之间的区别可能并不像人们通常想象的那样明显。事实上，克拉克认为是我们对工具的使用使我们变得更人性化，而不是更非人性化①。这与许多其他方法不同，那些方法注意到了技术的非人性化效果，认为技术会将我们变得非人性化。克拉克则认为，技术不仅不是人类的对立面，相反，技术和其他工具的使用是我们的自然状态。我们的大脑是被连接控制的，因为我们被设定为要将使用工具作为日常生活的一部分。所以本质上，我们都是"半机械人"。但我们并没有像流行的描述那样，将人造金属部件植入人类身体，从这点来说，我们并不是半机械人。但这确实意味着我们通过使用工具来扩展自己，不管是一把锤子、一本书、一块手表，还是一个微信账号。

我们的大脑之所以被连接成半机械人，是因为大脑固有的"可塑性"——生理上的改变和适应能力。大脑中的神经通络、神经元和神经突触都可以被改写，而且可能比以前想象的要容易得多。这种可塑性使我们能够应对变化，并利用其他物种无法利用的东西（比如工具）。这种可塑性使我们能够使用工具，尤其是传播工具，以此来扩展我们的思维。由于大脑的可变性，所以我们可以使用工具来克服大脑的生理局限性。

本章小结：

本章专门讨论了互联网的特点，因为这些特点直接决定了计算机中介传播的机制。这其中包括去中心化的特点，以及作为社交空间的特点。在此基础上，我们还讨论了 Web 2.0 的典型特点以及相关技术理念。最后从用户角度分析，提出使用与满足理论提供了不同于传统媒介效应理论的思路。

思考题：

1. 你认同学者齐特林提出的互联网三大原则吗？你认为还有其他原则吗？

2. 学者克拉克认为人类是天生的赛博格。你认同这个观点吗？为什么？如果不认同，你将如何反驳？

① Clark A. Natural-born cyborgs: minds, technologies, and the future of human intelligence[M]. New York: Oxford University Press, 2003.

第四章
数字时代的人际传播与关系（一）

导言：

数字时代人与人的连接与沟通方式从线下转移到线上，并发生了深刻的改变。人际传播的效果与关系是否也随之变化？这是本章和下一章着重探讨的内容。从几种理论视角的变迁，我们大概也能感受到，对这个问题答案的追寻过程，也随着时间的流逝与技术的发展而不断发生改变。

第一节　数字时代早期的在线互动

对作为社会动物的人类而言，与他人互动是我们赖以生存的必要条件之一。心理学家理查德·瑞安（Richard Ryan）和爱德华·德基（Edward Deci）提出，对关系的需求，即我们渴望与他人建立有意义的关系，是促使人们做事的主要因素之一①。因此，人们使用诸如互联网之类的通信工具来与其他人建立联系就不足为奇了。无论是报纸、电视或是智能手机，技术不断以新的方式对人类交流的方式产生深远的影响。

人们使用基于互联网的各种应用来与其他人建立联系和互动，这种社

---

① Ryan R M, Deci E L. Intrinsic and extrinsic motivations: classic definitions and new directions [J]. Contemporary Educational Psychology, 2000, 25(1): 54 - 67.

交互动跨越了各种关系类型：情侣、家庭成员、朋友，甚至陌生人。这其实并非设计互联网的初始功能。1969 年诞生的互联网雏形 ARPAnet 最初被设计为一个互连的大型计算机网络，旨在克服面对面交流的时间和空间限制，连接具有"位置"的研究人员，而不是为了面对面更快、更轻松地共享信息。到了 1971 年，ARPAnet 添加了早期的电子邮件系统，使每个研究人员都可以就特定问题相互联系。出人意料的是，该电子邮件系统成为"杀手级"应用程序，导致我们今天所熟知的互联网的早期扩展。与大多数其他人一样，早期的 ARPAnet 研究人员也想与有共同兴趣的人交谈，内容从最初有关研究的信息拓展到越来越多的人际关系信息，例如家庭状况、兴趣喜好等。随着时间流逝，科学家们开始在共同的工作兴趣上相互了解，并将他们的对话从以任务为导向转变为更加以社交为导向。

自从早期的 ARPAnet 建立以来，我们已经走了很长一段路。尽管今天电子邮件的使用在很多场合并没有如当初设想的那样频繁（而是很大程度上被诸如微信这样的社交媒体所取代），但是并不妨碍以互联网为基础的各种应用依然以人际沟通为核心目标。

第二节　在线独自打保龄球

在探讨在线互动将如何对用户和社会产生影响之前，让我们先简单回顾一下哈佛政治学家罗伯特·普特南(Robert Putnam)在其经典著作《独自打保龄球》中阐释的观点。他认为，在过去几十年的美国社会中，人们开始更多地依靠单独的休闲活动——主要是在家中看电视等娱乐活动来度过闲暇时间，而不是与其他人一起打保龄球之类的社交活动。因此，当人们确实决定去保龄球馆时，他们发现由于缺乏与他人的社交互动，他们不得不独自打保龄球。作为探讨媒体对当代社会影响的经典反思之作，《独自打保龄球》一书中认为媒体减少社会互动的观点在学界和社会产生了长期的影响，也影响到大家对计算机中介传播效应的讨论。

几乎所有新媒体技术的诞生之初都会伴随着这样的争议：到底新技术会不会带来社会的瓦解？例如，当20世纪初电话开始在西方工业社会出现时，不少批评家担心社会秩序会崩溃，因为人们现在可以与家人和朋友电话交谈而不必亲自去探望他们。之后在20世纪五六十年代，电视也引发了人们对其类似的"反社会"效应的担忧。然而，后来越来越多的证据似乎支持了相反的论断。

同样，互联网发展早期，人们也担心对其使用会带来诸多负面效应。例如美国卡内基梅隆大学的罗伯特·克劳特（Robert Kraut）等学者在1998年发表的研究成果中就得出备受争议的结果：更多的互联网使用与使用者和家庭成员之间的沟通减少呈现显著的相关性，并且互联网使用会减小他们的社交圈，增强他们的抑郁与孤独感[①]。尽管我们并不否认这种可能性，长时间在线确实可能会导致用户感到孤独或者减少社会资本，但这种结果不是互联网本身固有的特质，而是更多涉及人们如何使用该技术。

📁 延伸阅读

"互联网悖论"

1998年美国卡内基梅隆大学的罗伯特·克劳特等六名学者在期刊《美国心理学家》上发表题为《互联网悖论：一种减少社会参与和心理健康的社会技术》论文。该研究考察了73户美国家庭中169人在使用互联网的最初1—2年时间里，互联网对他们的社会和心理影响。通过分析互联网对社会参与和心理健康影响的历时数据，作者得出结论：在这个样本中，互联网被广泛用于传播。然而，更多的互联网使用与使用者和家庭成员之间的沟通减少呈现显著相关性。此文一经发表便引发广泛的讨论，并受到很多学者的批评与质疑。2002年，罗伯特·克劳特带领他的团队发表了一篇题为《重访互联网悖论》的

---

① Kraut R, Patterson M, Lundmark V, et al. Internet paradox: a social technology that reduces social involvement and psychological well-being[J]. American Psychologist, 1998, 53（9）: 1017 - 1031.

文章,对其此前观点进行修正。在对208名互联网使用者长达3年的跟踪研究后发现,之前报告的互联网负面效应消失;同时在对406名互联网新用户进行调查后,发现互联网在社会参与和心理健康方面对用户的正面效应。然而,与"富人更富"模型保持一致的是,这些正面效果在外向的人和拥有更多社会支持的人身上更显著,而对内向的人和缺少社会支持的人则具有较差的效果①。

第三节 临 场 感

很多情况下在线互动会带来非常积极的结果。但这是如何实现的呢?这与一个叫做"临场感"(presence)或者"电子临场感"(telepresence)的概念有关。简而言之,临场感是一种"非中介化的幻觉"。国际临场感研究学会(International Society for Presence Research)将临场感定义为"一种心理状态或主观认知,在其中尽管一个人的当前体验部分或全部是由人造技术产生和/或过滤的,但个人认知部分或全部未能准确捕捉到技术在这种体验中所扮演的角色"②。

临场感具有一些重要特征。第一,临场感有不同的程度。这意味着临场感不是一个全有或全无的二元对立,或者仅仅是简单的在场或不在场。相反,用户可以在不同时间或多或少地产生临场感。第二,临场感是一种心理状态。这意味着它不是任何已有渠道的固有品质,而是可以在适当的情况下通过任何渠道体验到。例如,有些人发现书籍是最能引起人们临场感的媒介。当今学者将其称为"书本问题",因为它是一种技术水平相对较低的媒介,但对于喜欢阅读的人非常有吸引力。第三,临场感可以随时间变化。在互动过程中,临场感会在整个体验过程中上升和下降。你可能听说

---

① Kraut R, Kiesler S, Boneva B, et al. Internet paradox revisited[J]. The Wired Homestead: an Mit Press Sourcebook on the Internet and the Family, 2002, 58(1): 49 - 74.
② Lombard M, Ditton T. At the heart of it all: the concept of presence[J]. Journal of Computer-Mediated Communication, 1997, 3(2): JCMC321.

过国外有一款叫做 RunPee(电影尿点)的 App,其功能是告诉观影者在一部电影的哪些时间点去卫生间最合适,既不会错过电影主要剧情的发展,又解决了内急之需。这个小应用也反过来证明了一部电影即使再吸引人,观影途中观众的临场感也会时高时低,而非一成不变。

在媒介使用过程中,内容、渠道和用户本身都会影响临场感的产生。某些类型的内容更有可能增加临场感,例如命悬一线的打斗场面。同时,尽管前面已经说过临场感并不是渠道所固有的,但某些特征可以使媒介临场感更容易实现,比如互动性的增强。这也是为什么相对传统的电视节目,电子游戏中的临场感通常会比较强。此外,某些用户比其他用户更有可能体验到媒介临场感,这与个人特征和生理状态有关。大多数情况下,媒介临场感的出现是由于这三个因素的正确结合,即正确的用户通过正确的渠道观看正确的内容,媒介临场感便随之产生了。

根据不同特点,学者们将临场感分成了以下几种类别①。

(一) 空间临场感(spatial presence)

空间临场感是与临场感本意最相符合的一种临场感,指的是空间维度上的"在那里",即用户感觉自己身处媒介化的空间场景中。例如,2015 年,联合国筹资与《纽约时报》共同刊出一期关于叙利亚边境难民的特殊报道,该报道除了有常规文字和图片以外,还通过 VR 讲述全世界 6 000 万难民的故事。通过这样的 VR 新闻,能让读者们身临其境感受到难民营的苦难生活,激发国际社会援助之心。

(二) 社会临场感(social presence)

社会临场感是指能感觉到与他人的联系,或者感觉到互动像是真实的体验,即"感觉跟他/她在一起"。例如不少手机游戏玩家表示,之所以会选择

---

① Lombard M. Presence past and future: reflections on 25 years of presence technology, scholarship, and community[C]//Guzman A L. Human-machine communication: rethinking communication, technology, and ourselves. New York: Peter Lang Publishing, 2018: 99 - 117.

打手游就是因为可以跟自己的伙伴一起玩耍,即使他们在物理空间上并不见面,但在游戏场景里,他们是在一起完成共同任务的,实现了虚拟的"在一起"。

(三) 自我临场感(self presence)

自我临场感指的是虚拟自我呈现嵌入真实物理自我的感觉。例如电子游戏用户通过创建和操纵其虚拟化身,往往会感觉其虚拟化身就是玩家本人。虚拟环境中的自我临场感往往会带来线下世界的变化。例如美国学者杰米·福克斯(Jamie Fox)等人发现,在沉浸式虚拟环境中操纵性别化特征明显的虚拟化身(如衣着暴露的女性化身)的用户,会更接受性侵害迷思等性别歧视的观点[①]。由此可见,线上的具身性,即基于线上虚拟化身的特征,会对线上和线下的自我认知产生显著的影响。这也就是美国学者伊(Yee)和拜伦森(Bailenson)提出的"普罗透斯效应"(Proteus effect)[②]。

(四) 反向临场感(inverse presence)

随着技术的发展,一种新的临场感也被提上研究日程,即反向临场感。与传统的"假的像真的"临场感不同,反向临场感则指的是"真的像假的",真实的内容反而变得像中介化了一般。例如一个重度电子游戏玩家脱离游戏场景后依然沉浸在游戏氛围里,觉得路人都是游戏中的 NPC(非控制角色,non-player character)。

 延伸阅读

媒体等同与临场感

在《媒体等同》一书中,里夫斯(Reeves)和纳斯(Nass)提出的媒体等同

---

① Fox J, Bailenson J N, Tricase L. The embodiment of sexualized virtual selves: the Proteus effect and experiences of self-objectification via avatars[J]. Computers in Human Behavior, 2013, 29(3): 930−938.

② Yee N, Bailenson J N. The Proteus effect: self transformations in virtual reality[J]. Human Communication Research, 2007, 33(3): 271−90.

理论或许可以帮助我们理解为什么这种临场感体验如此自然并容易产生。他们认为"媒体等于现实生活"，因此，我们倾向于像在现实中和人互动一样去与媒介中的对象（人或物）互动。这并不一定意味着电视上显示的内容能准确描述现实生活，而是意味着我们像对现实生活做出反应那样去对媒介做出反应。在里夫斯和纳斯的一系列研究中，他们基于已有的关于人际关系和社会心理学的既定研究，用计算机代替其中一个人，结果和先前使用两个人做研究得出的结果相似。

我们考虑一下看电影的情境。不少人有过在观看电影时哭泣的经历。观众明明知道银幕上的人都是演员，他们在表演，可看电影时为什么还会哭泣呢？这是因为如果角色看起来像另一个人，那就是另一个人，而不是在屏幕上表演的一个人，也不是机器人或视频的游戏角色。作为长期进化的结果，如果有事物像人一样走路、说话和以人类身份行事，我们将对之以人类身份回应。然而今天技术进化超过了生物进化。这些来自媒体技术的挑战是崭新的，而我们的大脑进化速度不如科技发展快，因此，我们默认对似乎是人类的事物进行人类响应。只有当出现一些让人奇怪的状况（例如让人出戏的表演），才能让观众意识到这不是真实的。

第四节　三种计算机中介传播理论的视角

在第二章中我们讨论了面对面传播是否应该成为传播效果的金标准这个问题，接下来继续沿着这个思路讨论。

关于计算机中介传播效果，随着时代变迁和技术发展，先后诞生了三大类理论。根据计算机中介传播效果与人际面对面传播效果的比较，我们可以归纳出以下几种类别的理论①。

---

① Walther J B, Parks M R. Cues filtered out, cues filtered in: computer-mediated communication and relationships[J]. Handbook of Interpersonal Communication, 2002(3): 529-563.

（一）线索缺失(cues filtered out)型理论

线索缺失型理论主张计算机中介传播劣于人际面对面传播的观点。其基本前提是,因为两个人之间隔着计算机和网络,使得能够在面对面交流时轻而易举获得的信息都统统缺失了。这些线索包括对方的身份、气场、语调、神态、容貌等非言语信息。这在互联网发展早期,当交流手段主要为文字交流的时候尤其如此。同时,交流的非及时性也造成了线索的缺失。试想一方的信息需要等上一段时间,几分钟、几小时甚至几天,才能被对方看到,待对方做出反应时,交流的语境早已时过境迁。正因为如此,这一类理论都一致认为在交流效果上,计算机中介传播效果逊于人际面对面交流。属于这个类别的典型理论是由肖特(Short)、Williams(威廉姆斯)和Christie(克里斯蒂)三位学者在 1976 年提出的社交临场理论(social presence theory)[①]。该理论认为技术的局限性,使得使用者的临场感不足,导致传播效果变差。

除此以外,网络发展早期,学者们尤其强调匿名性(anonymity)给传播效果带来的影响。在很多线上场合(比如非实名制的论坛),因为每个用户的身份未知,每个人经历的是去个人化(deindividuation)的交流体验,缺乏社会身份束缚,以及预期未来不会有任何交集互动,所以用户们可以变得"肆无忌惮"。我们有时会看到一个现实生活中彬彬有礼的人在网上变成了反社会的"暴徒"。这种现象被两位学者李(Lea)和斯皮尔斯(Spears)解释为社会身份的去个人化模型(the social identity model of deindividuation effects,简称 SIDE 模型)[②]。这个理论在解释网络暴力问题上依然有效。

---

① Short J，Williams E，Christie B. The social psychology of telecommunications[M]. London： Wiley，1976.

② Lea M，Spears R. Computer-mediated communication，de-individuation and group decision-making[J]. International Journal of Man-Machine Studies，1991，34(2)：283 - 301.

延伸阅读

网络暴力与网络欺凌

英文中的"flame"原意是"火焰"，在计算机中介传播中指的是网络暴力。这个现象由来已久，是一直存在于网络空间的问题行为。网络暴力包括具有煽动性的留言，粗鲁或侵犯性的信息，恶劣的言语攻击，令人不悦的谩骂、诽谤、污秽语言，过激的文字，嘲讽的评论等。这种现象引发人们兴趣的原因，除了其带来严重的负面后果外，就是网络施暴人线上与线下表现的强烈对比。也许很难想象，一个日常生活中文质彬彬的学生或者白领，会在网络空间上摇身一变成为一名到处口诛笔伐的"键盘侠"。这个"变化"过程中，线下社交线索在网络空间的缺失是一个根本性的原因。

近年来频频出现的网络欺凌则是网络暴力的另一种表现形式。欺凌是指故意且重复发生的对他人具有攻击性的行为。在实际存在或感受到权力失衡的情况下，遭受欺凌者感到脆弱且无力保护自己。当欺凌发生在网络世界，如通过电脑、手机或其他电子设备传播时，就被称为网络欺凌。网络欺凌涉及的形式包括通过数字平台，如社交网站、聊天室、博客、即时消息应用程序和短信，以文本、图片或视频等形式发布电子信息，意图对他人进行骚扰、威胁、排挤或散布关于他人的谣言。有时这些行为是以匿名形式实施的。这一现象在未成年人中多有发生，且对其的危害性较成年人更甚。随着社交网站的盛行，网络欺凌开始演变成全球浪潮，成为越来越严重的社会问题。网络欺凌会造成巨大的心理伤害，影响青少年的健康发展和成长。联合国儿童基金会发布的《2017年世界儿童状况：数字时代的儿童》指出，从前，受到欺凌的儿童可以通过回家和独处躲避这样的侵犯和骚扰，但如今，数字世界没有为儿童提供这样的安全港。这一现象值得所有人的重视。

（二）线索选择（cues to choose by）型理论

达夫特（Daft）和伦格尔（Lengel）两位学者在1986年提出媒体丰富度理

论(media richness theory),从社交线索的数量、反馈的及时性、自然语言的运用以及信息的个人化定制四个方面衡量每种媒体技术,强调需求与可供性的匹配,从而决定传播效果的好坏。比如,电视同时可以观看图像和聆听声音,所以在媒体丰富度上优于只能听声音的广播;而视频聊天中的媒体丰富度远大于纯文字的即时通信聊天,所以视频聊天效果更好。然而并非所有情况下的视频效果都优于音频。例如车载收音机的广泛使用,就是因为在特定驾驶场景中,司机只方便使用耳朵倾听,所以音频节目就能满足他们的需求。同样,有声小说等付费音频节目能有生存空间,很大程度上也是因为满足了上班族在公共交通工具上度过通勤时间的需求。

(三) 线索渗入(cues filtered in)型理论

然而,也有学者提出了质疑,是否计算机中介传播交流的效果就一定比人际面对面的交流效果差? 计算机中介传播领域学者沃尔瑟于1992年发展了社会信息处理理论(social information processing theory),指出如果给出足够长的时间,网络中介交流的效果会逐渐达到人际面对面的交流效果,因为在最初网络中介交流中缺失掉的非言语信息会随着关系的进展被逐渐弥补起来[1]。尽管还是做不到面对面,但只要时间充足,对方的脾气秉性、气息神态、音容笑貌最终都会反映出来。例如,即使一开始不透露性别与教育水平,但是行文之中用到的词汇、说话方式,都能够让人捕捉到身份端倪。国外有经验者甚至写出一套程序,只要往其中输入对方的话,就能判断出说话人的性别,准确率甚至高达70%~80%,远优于随机猜测(50%)。

除此之外,沃尔瑟于1996年提出"超个人理论"(hyperpersonal theory),给出了这样的解释:因为计算机辅助技术的延时性和渠道局限性,使得信息发送方能够选择发送符合自己期望形象的信息;同时信息接收方则过度解读这些信息,并将发送方理想化。通过不断的正反馈叠加,双方的理想印象会

---

① Walther J B. Interpersonal effects in computer-mediated interaction: a relational perspective[J]. Communication Research, 1992, 19(1): 52-90.

不断被强化①。例如，我们在现实生活中目睹过"见光死"的网上恋情，线上的传播效果好于线下，在网上谈恋爱谈得如胶似漆，转入线下之后感情迅速凋零。为何通过计算机中介传播发展出的情感会浓于人际面对面发展出的情感呢？以一场典型的网恋为例，女生相貌平平却文思敏捷，通过线上有意无意地才华展示，透露出自己美好有吸引力的一面。而网络对面的男生因为只见女生文字不见其真人，自然而然将才华横溢与如花似玉联系在一起，勾勒出一个才华容貌俱动人的女子形象。这样海市蜃楼般的情感关系往往经不起现实考验，当并不理想的信息在面对面交往中扑面而来的时候，"见光死"的"悲剧"便发生了。

第五节　再议在线互动问题

回到本章第一、二节讨论的问题，我们再次回应一下在线社交问题，以作为本章结尾。首先，人类是一种天然的社会物种，因此，建立和维持关系是我们进行交流的主要原因之一。我们努力以社交动物的身份与他人互动，并通过与他人建立有意义的关系来进行互动从而获得回报。其次，互联网和基于互联网技术的各种应用是一种交流工具，为社交互动提供了许多便利。因此，当我们有一个目标，并且有一个工具允许我们实现该目标时，我们很可能会使用该工具来实现目标，建立起社交网络。

互联网技术对于人际关系来说没有天生的好坏，它仅仅为我们提供了一个用于交互的工具以及一个适合用来培养关系的工具。相较于交互所依托的方式，交互本身的质量才是决定一段人际关系质量最重要的先决条件。

新技术再次让我们意识到，与其他人建立联系是人类长久以来的倾向。虽然在线形成的社交网络可能是抽象的、复杂的和超现代的，但它们也反映

---

① Walther J B. Computer-mediated communication: impersonal, interpersonal, and hyperpersonal interaction[J]. Communication Research, 1996, 23(1): 3-43.

了人类史前时代出现的普遍和基本的人类倾向,这点与人类在非洲大草原的篝火旁互相讲述着八卦故事没有什么不同。也许正如英国学者汤姆·斯丹迪奇(Tom Standage)在其《从莎草纸到互联网:社交媒体2000年》一书中所阐述的那样,历史上的社交网络其实跟现代社会的社交媒体有很多相似之处,都是为了达到人类信息分享和关系建立的目的;而传统的大众媒体,如广播、电视、报纸等,也许才是人类技术发展史上的"异常"吧。

本章小结:

本章从人类的社交天性开始谈起,简单回顾了互联网发展早期的历史,指出互联网为我们提供了一个适合培养关系的工具。为何线上互动会产生如此强烈的效果,这离不开临场感的产生。临场感是本章讨论的一个重点。而另一个重点是三种类型的计算机中介传播理论,基于对计算机中介传播效果与人际面对面交流效果比较,这些理论提出了不同观点。

思考题:

1. 你能举出各种临场感的例子吗?请描述现象,然后进行理论阐释。

2. 在三种类型的计算机媒介化传播理论中,你更赞成哪种观点?为什么?

第五章
数字时代的人际传播与关系(二)

导言:

　　本章继续上一章对数字时代人际传播与关系的讨论,将视角延伸到社交媒体。本章将对小世界现象、网上的自我呈现、社会资本、线上恋爱与欺骗等问题展开讨论,希望为大家提供一个多元化的观察与思考视角。

第一节　社　交　媒　体

　　截至 2020 年 12 月,我国网民规模达到 9.89 亿,互联网普及率达70.4%。而腾讯 2020 年第三季度财报显示,微信及英文版 WeChat 的月活跃用户达到 12 亿。尽管不少 WeChat 用户来自国外,但是我们依然可以看出中国网民中微信的普及程度非常高。微信是社交媒体在中国的典型应用。

　　作为 Web 2.0 的象征,社交媒体早在"社交媒体"这个术语被创造之前的互联网早期就出现了。世界上第一个线上论坛 Usenet 早在 1979 年就在美国杜克大学被创建。布鲁斯·阿伯森(Bruce Abelson)和苏珊·阿伯森(Susan Abelson)夫妇的"公开日记"(open diary)在 1999 年出现,是最早的社交网站形式。然而,一直到高速网络普遍采用之后,社交媒体才开始流行起来。2003 年崛起的 MySpace,以及 2004 年诞生的 Facebook 都与这个术语的诞生与流行息息相关。

　　建立在 Web 2.0 的思想理念和技术基础之上,社交媒体允许用户创造和交换用户生成内容(UGC)。其中社交网站吸引了全球成千上万的用户。两位研究社交媒体的学者丹娜·博伊德(Danah Boyd)和妮可尔·埃里森(Nicole Ellison)将社交网站定义为一种基于网络的服务,其允许个人在有界系统内构建一个公共或半公共的个人档案,展示列表中的其他用户,并与之共享连接,并且可以查看系统中其他人建立的连接列表①。

　　社交网站与过去的技术有何不同呢? 社交网络学者克里斯塔基斯(Christakis)和福勒(Fowler)提出了几种视角②。首先,这些网络的范围有所不同。社交网站非常庞大,它们使我们能够与更多的人保持联系。因为社交网站增加了我们共享信息的规模并有助于集体努力,因此,我们能够建立一种社区感。我们还可以找到通常不会与他人建立特别联系的人并保持联系。其次,使用虚拟身份,我们可以在某种程度上改变感知方式——这可以帮助我们形成更有意义的联系。最后,也许最大的改变是,这些类型的站点允许公共显示这些连接③。当一个人的社交网络信息可以被他人一览无余的时候,会带来哪些改变? 例如我们往往会在浏览对方的朋友圈留言时发出"原来他们居然认识"的感慨。这种改变是好是坏,又会带来哪些意想不到的效果? 对于这个问题的研究才刚刚开始,值得持续考察。

　　接下来,让我们讨论一下为何社交网站如此受欢迎? 首先,越来越多的互联网用户通过社交网站来维护他们的社交网络。美国皮尤研究中心(Pew Research Center)的各种研究发现,社交网站的普通用户与其社交网络之间的联系更为密切;社交网站用户从他们的关系中获得了更多的社会支持,尤

① Boyd D M, Ellison N B. Social network sites: definition, history, and scholarship[J]. Journal of Computer-Mediated Communication, 2007, 13(1): 210-230.
② Christakis N A, Fowler J H. Connected: the surprising power of our social networks and how they shape our lives[M]. New York: Little, Brown Spark, 2009.
③ Donath J, Boyd D. Public displays of connection[J]. Bt Technology Journal, 2004, 22(4): 71-82.

其是 Facebook 用户获得了最多的社会支持。简而言之，诸如 Facebook 之类的社交网站已成为人际交流的主要渠道。以阿富汗为例，2019 年，阿富汗 970 多万总人口中有 370 万的社交媒体活跃用户，这些网民中大部分拥有 Facebook 账号①。这些基于 Facebook 形成的各种社交网络正在阿富汗社会发挥着不可忽视的作用。

其次，社交网站有趣的地方之一是其社交网络的公共性质。这就提出了另一个问题，即当所有信息都是公共的并且可以被其他人看到时会发生什么？想象一下你对朋友微博的点赞是否会改变其他人对你的看法，尽管原始微博并非出自你之手？研究发现，你朋友发的帖子会影响别人对你的看法；同时，展示社交场景的内容使人看起来更讨人喜欢，也更加可信，但有关过度饮酒的帖子效果相反；如果你发的帖子中的照片很好看，那么你会被视为有魅力②。

 延伸阅读

社交网站上的"金凤花姑娘效应"

20 世纪 90 年代，英国牛津大学人类学家罗宾·邓巴（Robin Dunbar）提出"150 定律"（Rule Of 150），即著名的"邓巴数字"。该定律根据猿猴的智力与社交网络推断出：人类智力将允许人类拥有稳定社交网络的人数是 148 人，四舍五入大约是 150 人。邓巴数字在社交网站发展早期得到了验证，因为 Facebook 早期社区用户的平均好友人数大约为 150 人。但不同用户好友人数差距很大，有人甚至拥有上千名好友。例如，微信好友上限被设定为 5 000，有不少用户达到了上限。然而，如何看待在社交网站上拥有远超出或远低于好友平均数的人呢？例如，你如何看待在 Facebook 上拥有 2 500 个朋友的人？你又如何看待一个只有 50 个朋友的人？密歇根州立大学研究人

---

① 见 http://gs. statcounter. com/social-media-stats/all/afghanistan.
② Walther J B, Van der Heide B, Kim S, et al. The role of friends' behavior on evaluations of individuals' facebook profiles: are we known by the company we keep [J]. Human Communication Research, 2008, 34(1): 28 – 49.

员发现,Facebook 上的朋友数量和受欢迎程度呈倒 U 型曲线关系,而非简单的线性关系。这意味着朋友太少会使人显得更消极或不受欢迎,但朋友太多也会带来负面的评价。这被称为社交媒体的"金凤花姑娘效应"(goldilocks effect)[1]。最近,研究者在 Twitter 上也发现,用户追随者数量也呈现如此规律。

值得提醒的是,社交网络不是互联网首创的。尽管由于年龄和互联网使用经验等,我们可能会将社交媒体与互联网等同起来。但需要注意的是,社交网络的一般概念是人类的基本观念,也是我们长期以来一直在做的事情,与有没有互联网或社交媒体无关。而互联网使我们能够再次加强社交网络,并可能带来潜在的积极和消极的结果。

📂 延伸阅读
....

网上趣缘共同体

2020 年 6 月,虎嗅网上一篇名为《网上的奇葩小组可以有多奇葩?》的文章引起了不少人的关注[2]。其中讨论了豆瓣的各个角落里散落着的一些没有明确社会功能甚至不符合常人认知逻辑的奇葩群组,例如拥有约 16 万名成员却没人发言的"史上最沉默小组",以分享丑东西为宗旨的"丑东西保护协会",以及专门分享炸锅这么倒霉又惊险的事情的"高压锅爆炸小组"等。如该文所阐释的那样,这些奇葩小组是兼具传统社群凝聚力与现代社群自由度的趣缘共同体。从本质上看,趣缘群体是一种以身份认同为基础的亚文化体系,它构建了以兴趣和情感为核心的趣缘"圈子",并形成了"圈子化"的文化传播机制。无论是对不寻常的内容还是对不寻常的互动形式感兴趣,大家都能够找到组织,在特定的群组内共享不被圈外人理解的兴趣,以

---

[1]　Tong S T, Van der Heide B, Langwell L, et al. Too much of a good thing? The relationship between number of friends and interpersonal impressions on Facebook[J]. Journal of Computer-Mediated Communication, 2008, 13(3): 531-549.

[2]　见 https://m.huxiu.com/article/362029.html.

虚拟身份在社群中活动并建立起与社群及成员的情感联系，并在不同圈子之间建立起或对抗或联盟的关系。

第二节　社交网络结构

如果社交网络不是互联网发明的，那么社交网络又是什么呢？克里斯塔基斯和福勒提出，社交网络是有组织的人的集合，它由两部分组成：个体及其关系[①]。每个人都是某些社交网络中的一个节点；而个体相互交织的方式，是一群人之间存在的联系，使得社交网络变得既有趣，又很难研究。最典型的例子当属"六度分割现象"。匈牙利学者弗里吉斯·考林蒂（Frigyes Karinthy）在1929年提出了六度分隔理论：世界上每两个人之间的关系间隔不超过6层。20世纪60年代，哈佛大学的社会心理学家斯坦利·米尔格兰姆（Stanley Milgram）设计了一个连锁信件实验（又称小世界实验，Small world experiment），证明发现这个数值为5.2，接近6。而今天，借助社交网络的力量，从前的"六度分割"已经被证实为"四度分割"。意大利米兰大学的研究者通过最新算法对全球Facebook用户进行分析，发现99.6%的关系对可以通过5层关系（6次跳跃）找到对方，92%只通过4层关系就可以找到对方。随着Facebook的日益流行，全世界人们之间的关系越来越紧密。2008年全球人口之间的平均距离为5.28次跳跃，现在只有4.74次；当把观察范围缩小到一个国家的时候，大部分用户之间的间隔只有3层（4次跳跃）。

社交网络可以通过多种方式构建。研究者克里斯塔基斯和福勒提出了一些方法，诸如救火队列（bucket brigade）模型，其线路中的每个人都与另外两个人相连，但线路两端的人只与一个人相连（见图5.1）。想象一下，救火

---

① Christakis N A, Fowler J H. Connected: the surprising power of our social networks and how they shape our lives[M]. New York: Little, Brown Spark. 2009.

时有一群人把水桶一个个从一人手里传给下一个；每个人都抬一下沉重的水桶，这样就没有人需要扛着水桶走很长的路，从而节省了小组的精力。另一种类型的组织是电话树(telephone tree)，它表现出线性扩展，其中每个人都将负责联系两个及以上的人(树尾的人除外)。这种类型的一个例子是连锁送信，其中一个人被要求将消息发送给十个左右的人，而接收到消息的人又被要求再每人发送十个。在此系统中，信息能够在许多不同的组中快速传播。在这两种情况下，系统均具有干净整洁的结构。

图5.1　救　火　队　列

　　尽管这两种网络结构都有其优点，但它们也存在一些问题。例如，对于一个救火队列模型，如果队伍中的一个人手滑把水桶掉地上了或者消极怠工，则会减慢整个网络的进度。而电话树在编队中存在仅在一个方向上流动的问题。此外，大多数自然发生的社交网络都比较混乱。真实的网络中会存在一些处于中心位置且具有许多联系的人；也有些人的联系较少，是特定网络的边缘成员；还有一些人在特定群体中紧密联系，同时又与许多群体有联系，尽管他们可能只是每个群体的边缘成员。因此，对于社交网络结构的研究，是目前计算传播学和计算社会学的热门话题。

📁 延伸阅读

预测"冰桶挑战"的热度

　　社会影响会导致"时尚行为"迅速流行起来并快速地消失无踪。来自英国的两位学者斯普拉格(Sprague)和豪斯(House)提出"复杂传染模型"

(complex contagion model)来解释基于线上分享的行为传播。他们发现标准的简单的传染通常不能捕捉到时尚行为的快速传播以及长尾效应，而他们的复杂传染模型显然优于传统模型。他们甚至成功预测了"冰桶挑战"的峰值，并预测了流行时长仅为 4 个星期[1]。这一模型的提出为公共运动和慈善行为的运营带来很多启示。

第三节　社交网络规则

尽管不同的社交网络结构不尽相同，但都遵循一些常见的社交网络规则。美国学者韦斯特曼（Westerman）等人归纳出以下五条原则[2]：

（1）我们塑造了我们的社交网络。在很大程度上，我们选择要加入的群组，并选择在这些组内和组间发挥多大影响，建立多少连接。例如，你可能是某豆瓣小组的核心成员，也是某饭圈的边缘成员，还是学校射击俱乐部的成员。由此一来，我们对社交网络最终形成的方式产生了很大的影响。我们的选择大部分是由同质化概念决定的。互联网使寻找与我们有共同点的人变得更加容易，因为我们在确定与谁交谈时不再受空间限制的约束。我们不再只局限于和物理上与我们位于同一地点的人们进行互动，我们可以从世界各地寻找与我们相似的人。

（2）我们的社交网络也同样影响着我们。例如，一个人在社交网络中的地位对其生活有很大影响。一个人通过社交网络获得的社会资本和社会支持也会极大地影响其行为认知、社会资源、个人发展，甚至健康状态。甚至有研究表明肥胖会"传染"，当一个人周围存在很多肥胖的人的时候，这个人往往也难以"幸免"[3]。

① Sprague D A, House T. Evidence for complex contagion models of social contagion from observational data[J]. PloS One, 2017, 12(7)：1－12.
② Westerman D, Bowman N D, Lachlan K A. Introduction to computer-mediated communication [M]. Dubuque, IA：Kendall Hunt Publishing, 2014.
③ Abelson P, Kennedy D. The obesity epidemic[J]. Science, 2004, 304(5676)：1413－1414.

（3）我们的朋友影响着我们，与我们交往的人甚至对我们的生活有很大的影响。从"物以类聚，人以群分"的古训，到"孟母三迁"的故事，无一不在反映着这个道理。如果你曾经受过父母的训诫，不能跟坏孩子玩，那么你应该能理解这个道理。通过社交网络传播的事物可能是积极的（如社会支持）或消极的（如各类八卦），但这种传播都会影响我们。

（4）我们朋友的朋友，甚至是朋友的朋友的朋友都会影响我们。这点有些违背我们的常识，因为它表明，甚至是我们不认识的人也可能会对我们的生活产生相当程度的影响。但可以这样想，你的朋友会影响到你，但是谁会影响他们呢？是他们的朋友。有些你可能认识，但有些你可能不认识。而又是谁影响那些人？是他们的朋友们。这样的传播意味着你可能会受到不认识的人的影响，所以社交网络中潜伏着一些隐藏的力量。

（5）社交网络拥有自己的生命。也就是说，网络不仅受一个人的使用方式影响，而且还会被网络中每个人的使用方式改变。这意味着你不能仅通过检查每个单独的部分来理解它们，还需要认识整个网络。这是研究社交网络的困难之一。

📁 **延伸阅读**

网上粉丝悼念①

基于分享的社交媒体打乱了私人和公共之间的界限，使原本属于私人领域甚至是禁忌的关涉死亡的哀悼和纪念行为公开化。这种借由可传输文字、图像和视频等媒介技术，在身体离席情况下进行精神化追悼的现象，即为网络哀悼行为。哀悼者在社交网络上创建纪念页，放上死者的照片，策划纪念活动，甚至会向死者的账号发信息。互联网上的虚拟墓地、纪念馆，专用于哀悼的聊天室、博客，已不罕见。例如，史蒂夫·乔布斯（Steve Jobs）的去世使 Twitter 的访问量达到了创纪录的水平。粉丝还会通过社交媒体表

---

① 摘自潘舒怡、牟怡《粉丝网络哀悼行为中的认知图式及性别差异研究》一文（尚未正式发表）。

达对逝去的明星的思念之情，并以一种他还会读到甚至回复这些讯息的口吻进行想象沟通。网络论坛也会在明星去世后变得尤为活跃，因为粉丝们会通过网络寻找能分享悲伤并真正理解他们情绪和提供支持的伙伴，这些是现实生活中的亲人或朋友不能做到的。

库尔贝(Courbet)和富尔凯-库尔贝(Fourquet-Courbet)将社交媒体在粉丝哀悼中所起到的作用总结为以下五点：① 找到类群，将表达悲伤的行为正常化；② 自主选择和掌控有关明星的信息，从而管理悲伤情绪；③ 脱离匿名，留下哀悼的铭刻痕迹；④ 提供了一个稳定的粉丝社交系统；⑤ 促进粉丝间团结，互相提供情感支持①。

第四节　社　会　资　本

社会资本指的是嵌在社会结构中的资源，通过它们能获得和/或动员有目的的行动②。建立社会资本的根基在于有成效、有功能的社交话语③。自诞生之初，社会资本这个概念便在各个社会科学领域被广泛研究，包括社会学、人类学、政治学、公共卫生和传播学等。研究者们发现社会资本在促进政治行为、推动经济发展、预防犯罪，以及提升个人幸福感等方面都发挥着重要作用。例如，学者哈珀姆(Harpham)等人发现社会资本能帮助个人减少负面的生活事件和克服长期的生活困难，并增加安全感和增强自尊心④。

伴随着社交媒体的兴起，线上社会资本成为一个热门研究话题。通过

---

① Courbet D, Fourquet-Courbet M. When a celebrity dies…Social identity, uses of social media, and the mourning process among fans: the case of Michael Jackson[J]. Celebrity Studies, 2014, 5(3): 275 - 290.

② Lin N. Social capital: a theory of social structure and action[M]. Cambridge, UN: Cambridge University Press, 2002.

③ Portes A. Social capital: its origins and applications in modern sociology[J]. Annual Review of Sociology, 1998, 24(1): 1 - 24.

④ Harpham T, Grant E, Thomas E. Measuring social capital within health surveys: key issues [J]. Health Policy and Planning, 2002, 17(1): 106 - 111.

网上的社交对话能够建立起线上的社会资本。尤其是当互联网成为线上用户进行社交对话的主要平台之后,学者们开始审视人们如何通过不同线上渠道的传播建立社会资本。社交媒体的使用有利于社会资本的建立,主要通过两个途径:第一,社交媒体能通过人际反馈和同辈接受等方式帮助个人构建个人身份;第二,社交媒体用户能实现他们的信息需求,而信息需求是社会资本建立的关键元素。通过社交互动,用户们可以分享他们的社交目标和规范,最终形成虚拟社区归属感[①]。

　　早期的社会资本通过询问个人所认识的不同社会职业的广度和数量来完成,例如认识的医生有多少,认识的管道修理工有多少,认识的大学教授有多少等。然而这样的测量方式在社交媒体时代似乎有些落伍。为了给社会资本这一概念赋予更多新的内涵,威廉姆斯基于普特南的黏合型社会资本(bonding social capital)和搭桥型社会资本(bridging social capital)的概念,构建了互联网社会资本量表(internet social capital scales)[②]。黏合型社会资本反映的是强关系,尤其是家庭和近亲内部的关系;搭桥型社会资本则反映了社会距离较远的人们之间的弱关系。与此相对应的是,威廉姆斯的互联网社会资本量表也包含了两个子量表。一个子量表反映了线上的黏合型社会资本,强调情绪支持、获取稀缺或有限资源的途径、动员团结的能力,以及对组外人的敌对几个维度。而线上搭桥型社会资本子量表则强调"向外看",与较大范围的人接触,个体是更大团队中的一员,以及与更大的社区互惠互利等。除了这两种线上社会资本外,学者妮可尔·埃里森等人还补充了第三种,被称为线上维系社会资本,指的是通过虚拟重新连接或加强的因线下物理距离而丢失的社会资本[③]。例如,与早已失去联系的高中同学因

---

① Valenzuela S, Park N, Kee K F. Is there social capital in a social network site?: facebook use and college students' life satisfaction, trust, and participation [J]. Journal of Computer-Mediated Communication, 2009, 14(4): 875 - 901.

② Williams D. On and off the "net": scales for social capital in an online era[J]. Journal of Computer-Mediated Communication, 2006, 12(4): 593 - 628.

③ Ellison N B, Steinfield C, Lampe C. The benefits of facebook 'friends': social capital and college students' use of online social network sites [J]. Journal of Computer-Mediated Communication, 2007, 12(4): 1143 - 1168.

为突然被拉入同一个微信群而重新联系上。

这三种线上社会资本的提出与检验主要在欧美西方国家进行，然而是否也同样适用于历来讲究人情的中国社会呢？2017年，有研究者基于1 300多名中国网民的调查，发现线上社会资本这三种维度在中国文化语境下并不成立，而是提出了社群社会资本（community social capital）和实用社会资本（utility social capital）两种新的维度①。

📁 延伸阅读

路易斯·韦斯伯格的六度分隔

路易斯·韦斯伯格（Lois Weisberg）住在美国芝加哥靠近密歇根湖的地方，作为一名高龄老太太，她似乎一直是一个相对普通又平凡的人。但是记者马尔科姆·格拉德威尔（Malcolm Gladwell）则认为，她可能掌管整个世界。格拉德威尔于2007年在《纽约客》上发表的《路易斯·韦斯伯格的六度分隔》一文里，解释了路易斯可能掌控整个世界的诀窍，那就是她具有一种很多人似乎没有的本事。大多数人建立自己的社交圈时遵循同质原则，也就是说，我们倾向于喜欢与我们相似的人交谈并建立联系。因此，我们的社交圈最终看起来很像我们。但是，路易斯的处理方式有所不同。在她的一生中，作为芝加哥的文化事务大使，她与各种各样的人接触并建立了联系，包括演员、作家、医生、律师、音乐家、建筑师、视觉艺术家、旅店老板以及政客等。可以说她似乎认识所有人，或者至少有人认识认识她的人，而她自己便是一个连接点。她扮演着桥梁的角色，将各个不同群体的人们联系在一起。路易斯是社交网络的大师，她的例子充分反映了社会资本的原始概念。

---

① Mou Y, Lin C A. The impact of online social capital on social trust and risk perception[J]. Asian Journal of Communication，2017，27(6)：563－581.

第五节　网上的印象管理与自我呈现

20世纪50年代,加拿大社会学家欧文·戈夫曼(Erving Goffman)在其著作《日常生活中的自我呈现》中将戏剧比拟引入社会学分析,并指出社会是舞台,人人皆演员。由此开始,后续的研究者对印象管理与自我呈现展开了深入研究,并伴随着互联网的兴起将该问题从线下转移到了线上。

伴随着网络平台的发展与变迁,社交媒体上至少有三类信息会影响到自我呈现。首先是自我提供的信息,例如一个账号的自我介绍和发布内容等。其次是他人提供的信息,如微博上被朋友点名@的内容。最后是网页生成内容,例如微博账号里显示的粉丝数和关注数等[①]。这些信息如何影响观众对目标用户的印象与认知,是个值得深入探讨的问题。而且,与传统线下场景不同的一点是,社交媒体上常常会出现"情景坍塌"的状况,即用户的多个身份在同一个社交媒体账号里会形成形象构建的冲突[②]。例如,一位大学教授同时具有博士生导师、高中同学、幼时玩伴、学生家长、协会成员等不同的身份,那他面对何种目标人群该发表何种言论,而这些言论又会如何反过来影响他人对他的印象? 这是个有趣的问题。

 延伸阅读

线上恋爱与在线欺骗

你大概听说过不少网恋受骗的新闻。确实,新闻中出现的与在线互动相关的报道常常提到的一个问题就是欺骗。这似乎表明在线互动充满了谎言,而且在线说谎比线下说谎更为频繁——尤其是在网恋时。人们可以在

---

① Mou Y, Miller M, Fu H. Evaluating a target on social media: from the self-categorization perspective[J]. Computers in Human Behavior, 2015,49(c): 451-459.

② Mou Y. Presenting professorship on social media: from content, strategy to evaluation[J]. Chinese Journal of Communication, 2014, 7(4): 389-408.

线说谎吗？当然可以，自互联网诞生以来在线说谎就已经存在了。互联网发展早期，《女士》杂志上的一篇名为《电子情人的奇怪案例》的文章详细介绍了一名男性心理学家在电子聊天小组中假装女性的故事。当然，尽管发生了不少"钓鱼"交友事件，但它可能不像报道的那样普遍。实际上，一些研究表明，网上说谎比面对面说谎的普遍性要低。此外，似乎网上发生的谎言，尤其是在约会网站上发生的谎言，与面对面发生的谎言相似，不外乎是瘦了几斤，年轻了几岁，少了几根白发，多了些收入等。这些谎言似乎可以称为印象管理的一部分，我们尽力使自己看起来不错。因此，我们可能会虚报几岁，或者发布一张更上镜的照片①。

本章小结：

　　本章从社交网站的特点和结构出发，对常见的社交媒体现象展开逐一讨论，并探讨了社会资本和自我呈现等问题。这些问题的理论探讨依然是国际国内前沿研究的热点问题。希望通过本章的学习，你能找到感兴趣的研究话题。

思考题：

1. 本章中我们提到也许社交网站带来的最大改变是这些类型的站点允许公共显示这些连接。当一个人的社交网络信息可以被他人一览无余的时候，会带来哪些改变？这种改变是好是坏，又会带来哪些意想不到的效果？你对于这个问题有什么看法？

2. 社交媒体上的情景坍塌是一种常见的现象。请结合你自己或身边人的案例，运用传播学理论展开讨论。

----

① Toma C L，Hancock J T，Ellison N B. Separating fact from fiction：an examination of deceptive self-presentation in online dating profiles[J]. Personality and Social Psychology Bulletin，2008，34(8)：1023 - 1036.

第六章
数字时代的新闻

导言：

也许你已经很久没有亲手触碰过一张报纸了，但这并不妨碍你对新闻的获取。你可能从微信朋友圈，或者微博热点上获取最新信息，也可能通过今日头条的推荐算法获取新闻。这些新闻获取方式比起几十年前可谓千差万别，但同样折射出作为社会动物的人类对信息的渴求。网络改变了我们今天获取新闻的方式，也重塑了新闻生产的模式。

第一节　新　闻　的　特　点

我国新闻先驱陆定一曾给新闻下过这样的定义：新闻是新近发生的关于事实的报道。因为人作为社会动物生来就对信息有着好奇心，新闻便随着人类的信息交流和社会交往产生了[①]。

新闻的基本特性包括：

(一) 真实性

陆定一曾指出，新闻的本源是事实，新闻是事实的报道。事实是第一性

---

① 郑保卫.当代新闻理论[M].北京：新华出版社，2003.

的,新闻是第二性的。没有事实,就没有新闻报道。这一观点成了我国新闻工作者认识新闻现象的一个基本观点。

(二) 新鲜性

新闻贵"新"。一切能给人们带来新消息、新知识、新思想、新经验的具有新意的事实信息才有资格成为新闻。因此,有人说,新闻就是今天的历史。

(三) 及时性

若真实、新鲜的事实信息得不到及时传播,新闻便成了旧闻,失去了存在的价值。因此,新闻报道追求以最快的速度,在最短的时间内,把刚刚和正在发生的事实传播给公众。

(四) 公开性

新闻只有公开报道出来,为公众所接收,才能最终实现其价值。如果新鲜的事实信息只为少数人所知,则只能称之为情报。

新闻除了具有信息属性之外,还具有舆论、宣传和商品的属性。这在今天多元化的新闻市场上显得尤为突出。

第二节　广　播　与　窄　播

传统的新闻是通过大众媒体到达千家万户的,而今天却能在互联网相关技术的支持下做到"千人千面"。在进行深入讨论之前,让我们先简单回顾一下新闻与大众媒体的历史。

作为社会性生物,人们总是渴望了解周围的世界。口头编年史和寓言,与演讲一样古老。在公元2世纪,我国汉代就已出现邸报,汉朝政府是最早撰写新闻公报的政府,其中大部分公报只为官方设计,并手工印制在华丽的丝绸上,通常包含经济、军事和政治信息。其他类似的单页公报也在世界其他国家出现过。例如在威尼斯城邦印刷的单页公报,以一张公报一枚小硬币的价格出售给公众。

世界上第一份现代报纸是于1605年在斯特拉斯堡创办的德语报纸。而瑞典的 *Postoch Inrikes Tidningar*(PoIT,大致翻译为《邮报》或《国内时报》),至少从1645年起就一直在斯德哥尔摩出版。PoIT最早的通讯员是邮递员,他们需要提交报告,内容包括自己和雇员所看到或听到的事件。瑞典的普通公民能够通过这份报纸阅读到他们国家各地发生的事情,一直持续到现在。而我国的第一份现代报纸开端为1815年出版的《察世俗每月统记传》,它的问世比西方晚了整整两个世纪。

最早的大众传播电子媒体可以追溯到美国电气工程师弗兰克·康拉德(Frank Conrad)于1919年在宾夕法尼亚州西部的车库里建立的首个得到授权的KDKA电台。在电台的选编过程中,康拉德和他的家人会播放音乐,还会从日报上阅读足球和其他体育比赛的赛况。康拉德甚至首创商业赞助:他播放当地一家音乐商店的唱片,作为交换条件,他在电台上提到了这家商店的名字。在电子大众媒体的早期,KDKA和它的主要财政支持者西屋电气公司仍然是主力军,他们创造了第一个现场新闻报道(1920年美国总统选举结果揭晓)和第一个现场体育赛事直播(1921年4月约翰尼·邓迪和约翰尼·雷之间的一场激战,直播于匹兹堡汽车广场花园)。广播听众不需要在场就能够了解实时状况,也就是说,广播在某些情况下超越了空间的限制。随后,20世纪三四十年代电视出现,通过引入图像和视频系统,使观众可以听到并看到事件,而不必亲临现场。

1974年,美国媒体学者赫伯特·甘斯(Herbert Gans)提出"品味文化",即个人相当狭窄的信息、关系、言辞或娱乐目标,与之前的广播概念不同[①]。这种广播(broadcasting)/窄播(narrowcasting)二分法在某种程度上为今天的媒体格局奠定了基础。这种二分法并不局限于电子媒体,大部分的日报通常被视为广播信息(面向大量和不加选择的受众),而杂志和书籍则可能

---

① Gans H. Popular culture and high culture: an analysis and evaluation of taste[M]. New York: Basic Books, 2008.

被认为是小众的窄播信息（面向较小和对此更有兴趣的受众）。而互联网媒体节目的引入催生了第三种量身定制的媒体内容，即网络媒体，它正在持续打破这种"大众"观念。

📁 延伸阅读

快手上的卡车司机

《2016年交通运输行业发展统计公报》显示，截至2016年末，我国拥有载货汽车1351.77万辆，是世界上卡车保有量最大的国家。中国货运总量的76%是靠3000万卡车司机的公路运输完成的。但这3000万卡车司机，却像是城市隐形人。平时见不到孩子，三餐不继，长年跑在公路上，城市限行和大货车白天不让进城等政策使大货司机天然"离群索居"。货难找，车难开，久坐缺乏锻炼，漫漫路途上的寂寞难以排解，半数以上的司机患有颈椎病、胃病、焦虑症等慢性病。然而在短视频App快手上，卡车司机的真实生活正在被记录和传播。快手里的"卡友们"，或直播交流心得，或记录旅途见闻，既结交了朋友，交换了信息，又排解了孤独和焦虑。正是他们的记录和分享，让他们以外的更多人深入了解到这一行的细枝末节，了解到这一隐形群体沉默而巨大的社会价值。

这样的内容，可能并不符合传统新闻的定义，也绝非"品味文化"的一部分，然而这才是中国老百姓真实的生活。

第三节 公民新闻

2008年年底，印度孟买发生一起恐怖袭击事件。一伙端着冲锋枪、拎着手榴弹的恐怖分子闯入孟买最知名的五星级饭店——泰姬玛哈酒店，他们见人就扫射，随处投掷手榴弹，造成195人死亡和295人受伤。在长达近60

个小时的恐怖袭击中,全世界的观众通过刚诞生不久的 Twitter 以及大量引用 Twitter 内容的电视、报纸等传统媒体"观看"了全过程。这场悲剧让大家第一次目睹了公民新闻的威力,也间接导致了 2009 年 Twitter 用户的激增。

2012 年初,科技杂志《连线》发表了一篇关于美国重大事件的文章,这些事件不是由传统记者或新闻机构报道的,而是由 Twitter 用户报道。普通人手持智能手机,告诉读者他们周围的环境:美国 1549 航班安全降落在哈德逊河(@highfours),一名持枪歹徒在马里兰州总部的"探索频道"被释放(@jdivenere),弗吉尼亚州首府里士满发生罕见地震并造成损失(@jnkiejuice),甚至纽约市特警巡逻队在祖科蒂公园组织街区群众发动"占领华尔街"运动,巡逻队鼓手@questlove 发现后发出了预警。事实上,早在任何新闻组织或世界媒体知道这一事件之前,就有人在 Twitter 上目睹并报道了本·拉登的死讯。这些公民记者充当了 21 世纪初最著名的新闻报道的眼睛、耳朵和嘴巴。

公民记者通常是业余的用某种通信技术报道周围新闻事件的人。这对传统新闻业意味着什么? 一些悲观的媒体评论家认为,美国主要报纸的订阅量停滞不前甚至下滑,再加上公民记者的发展速度,可能意味着我们所知的新闻媒体的终结。有人担心大型媒体组织无法与整个社交媒体网络的集体知识和访问权相争,而整个社交媒体网络一直在发短信、发 Twitter 和分享周围世界的图片。然而与此同时,许多人对此持谨慎态度,因为公民记者未经过任何新闻从业训练,他们可能经常违反新媒体研究者文森特·马厄(Vincent Maher)所称的"三个致命的 E":Ethics(伦理,不了解新闻的伦理原则),Economy(经济,没有经济资源来制作高质量和有深度的事件报道)和 Epistemology(认识论,激进地而非客观地报道新闻)①。新媒体学者舍基谨慎地谈到了 Web 2.0 时代的"大量信息的业余化"②。我们已经进入 Web 2.0 时代,每个互联网用户都能平等创建新信息,并且进行信息合作,但是能够确保其准确性和对我们所有人的实用性吗?

① Maher V. Citizen journalism is dead[D]. Grahamstown:New Media Lab,School of Journalism & Media Studies,Rhodes University,2005.
② 克莱·舍基. 未来是湿的:无组织的组织力量[M]. 胡泳,沈满琳,译. 北京:中国人民大学出版社,2009.

在公民记者辈出的时代，专业的新闻生产者还有存在的价值吗？答案当然是肯定的。以"每一个公民都是记者"为口号的韩国公民记者网站OhMyNews曾一度进入全球浏览排名的前100名，然而巅峰之后却跌入15 000名之外。其衰落原因不外乎过于依赖公民参与，却无法维持公众长期的关注与兴趣。因此，两名资深编辑与记者比尔·科瓦奇（Bill Kovach）和汤姆·罗森斯蒂尔（Tom Rosenstiel）在其著作《真相：信息超载时代如何知道该相信什么》中直言不讳地指出，专业新闻不能只是向受众讲授，而要将这一专业变成一种内容丰富的关于新闻的对话，并通过与民众对话，向民众提供八大方面的服务[①]：

（1）媒体帮助民众证明哪些事实是真实和可信的；

（2）新闻工作者适当扮演"释义者"的角色；

（3）新闻工作者继续发挥作为公共调查者的功能；

（4）媒体帮助民众见证一切，付出专门的努力采编一般人采访不到的新闻；

（5）媒体是向民众传授获取新的知晓方法的中介；

（6）媒体成为聪明的网络信息的聚合者；

（7）由新闻工作者创建便于民众交流的公共论坛；

（8）媒体成为监督权力者，以及公民记者学习的榜样。

📁 延伸阅读

后真相时代与反转新闻

2016年美国大选和英国脱欧等政治"黑天鹅"事件将"后真相"一词推上了风口浪尖。随后，"后真相"一词选入《牛津词典》2016年度热词，《牛津词典》对"后真相"的解释是"客观事实的陈述，往往不及诉诸情感（emotion）和个人信仰（personal belief）更容易影响民意"。在社交媒体时代，"后真相"被

---

① 比尔·科瓦奇，汤姆·罗森斯蒂尔.真相：信息超载时代如何知道该相信什么？［M］.陆佳怡，孙志刚，刘海龙，译.北京：中国人民大学出版社，2014.

赋予了新的涵义和特征。美国大选期间,"揭露'假新闻'"的运动在社交媒体上轰轰烈烈地展开,关于真相和事实的讨论由以旋风之势席卷了整个美国新闻界。在 2016 年的美国总统选举中,"假新闻"一词被用于指控精英主义的媒体机构通过新闻来操控选举,一场由社交媒体为代表的"新闻自由"之火在选举战中熊熊燃烧。"假新闻"被赋予政治武器色彩,越来越多的国家和地区的政治人物开始用这一修辞抨击与之意见相左的媒体批评。

　　我国也呈现出一种情绪比真相更重要的舆论生态。2013 年"老外撞倒老太被讹""走廊医生"等新闻反转剧引发了业界和学界对"反转新闻"的关注。如今,"反转新闻"是"后真相"在中国语境下的具体表现已成为共识。近年来,罗一笑事件、江歌案、红黄蓝幼儿园虐童事件、"刺死辱母者"事件、孕妇跳楼事件、重庆公交车坠江案等事实扑朔迷离、舆论先后剧烈反转的事件依然在发生。不完整、不真实的事件断面被当作全面的真相放置到大众面前,情绪煽动、社会冲突、轻率断言等在一起起事件中层出不穷。舆论喧嚣,情绪和偏见加深了社会撕裂,产生了不小的负面影响。一方面,2019 年 2月,以"咪蒙"为代表的多个自媒体账号在多个平台被关闭,被称为"后真相助推手"的自媒体们再次受到"贩卖情绪""为博眼球丧失底线"的指控。另一方面,专业媒体滥用"非虚构写作""报告文学"也被指在情绪化的舆情反转中难辞其咎;新的媒体技术如算法推送、社交媒体等虽然自诩"中立",但在"后真相"的讨论中也不免被打上负面烙印。无论我们是新闻的制作者、传播者、评论者还是阅读者,无论我们是选择参与讨论还是沉默围观,都参与了"后真相"的形成,又被其深深影响,每一个人都无处遁形。

第四节　新闻算法推荐与信息茧房

　　伴随着人工智能算法的兴起,以今日头条为代表的新闻推送平台开始逐渐成为今天新闻消费的主流方式。今日头条于 2012 年 9 月推出了个性化推荐系统。之后百度、微信看一看、微博、知乎、小红书等平台都引入了算法推荐技术。值得一提的是，2019 年今日头条推出了搜索功能，推荐引擎和搜索引擎两者的结合已然成为一种趋势。

美国学者卡斯·R. 桑斯坦（Cass R. Sunstein）提出"信息茧房"的假说，指出当人们面对大量各类来源的信息时，更易根据个人偏好进行信息选择和渠道选择，这就不可避免地会导致人们接收信息的范围和渠道日益变窄①。在"人以类聚"的社交媒体平台，这样的信息窄化似乎也在加剧。例如明尼苏达大学计算机系 5 位研究者，首次进行了以"过滤气泡"效应为主要研究对象的实证研究。他们选用电影评分和推荐网站 Movie Lens 的数据，这个网站使用的算法是基于物品的协同过滤算法。用户注册进入网站，对自己看过的电影进行评分之后，网站会向其展示"Top Picks For You"（专为你的首选），也就是根据算法向其推荐电影，类似于豆瓣的"猜你喜欢"。研究者将受试者分成两组，对"跟随者"一组提供基于算法的推荐，"不理会"一组则没有。经过 21 个月的跟踪观察，研究者发现两组在实际消费中选择的电影的多样性均有所下降；但与预期不一致的是，跟随者的下降幅度很小，而不理会者的下降幅度较大②。

针对"信息茧房"这一概念的争论一直在持续中。很多观察者认为，"信息茧房"与网络场域的意见分裂、极端化以及社会整体价值观离散化相关，对社会共识基础有着巨大的侵害。但也有实证研究表明不一样的观点。2016 年哈佛大学研究者弗拉克斯曼（Flaxman）等人对 5 万名用户的新闻媒体与信息选择进行考察，通过自我报告和电子技术实时监控，发现人们实际的媒体选择行为比想象中的选择更多元化③。所以，"信息茧房"更像是一种用户心理，而非客观现象。

① 凯斯·R. 桑斯坦. 信息乌托邦：众人如何生产知识[M]. 毕竞悦，译. 北京：法律出版社，2008.

② Nguyen A，Vu H T. Testing popular news discourse on the "echo chamber" effect: does political polarisation occur among those relying on social media as their primary politics news source[J/OL]. First Monday，2019，24(6).

③ Flaxman S，Goel S，Rao J M. Filter bubbles，echo chambers，and online news consumption[J]. Public Opinion Quarterly，2016，80(S1)：298 - 320.

第五节　媒介效果相关理论

从媒体系统接收到的信息会对我们产生怎样的影响？新的通信技术会如何改变我们以前考虑信息效果的方式？接下来我们将讨论媒介信息效果的一些主要理论，看看这些理论在数字时代是否需要革新。

（一）议程设置理论（agenda setting theory）

> 媒体在告诉人们该怎么想的时候可能不太成功，但它却成功地告诉读者该想什么。
>
> ——伯纳德·科恩（Bernard Cohen），《新闻与外交政策》（1963）

科恩的这句话通常被认为是新闻媒体报道对个人和社会影响的最清晰简明的解释。新闻报道往往会影响我们关注的新闻类型，而不是影响我们对新闻本身的实际感受。议程设置理论研究是由麦克斯韦·麦考姆斯（Maxwell McCombs）和唐纳德·肖（Donald Shaw）在北卡罗来纳州教堂山进行的。麦考姆斯和肖研究了1968年美国总统大选时的报纸和电视报道如何影响该地区人民的政治观点，即所谓的选举相关议程问题。他们研究发现，教堂山居民关心的重要问题与报纸报道的问题具有很强的相关性。因此，媒体议程往往设定了公共议程[①]。而同一时期，美国学者芬克豪泽（Funkhouser）比较了美国社会中公众认为的"美国面临的最重大问题"与《时代》《新闻周刊》《美国新闻与世界报道》三家周刊中出现的各种事件，发现公众按重要程度对事件的排序与媒体对该事件报道的频率有明显的对应关系。然而，媒体的报道并不能与真实事件很好地吻合，在诸如种族关系、

---

① McCombs M E, Shaw D L. The agenda-setting function of mass media[J]. The Public Opinion Quarterly, 1972, 36(2): 176-187.

犯罪、贫困和环境污染问题上，媒体报道与实际情况大相径庭①。

　　而什么能够增加一个公共事件的显著性呢？对于报纸来说，放在头版的报道（头条新闻）比放在报纸内页的报道更能吸引观众的注意力。显著性的第二个组成部分是新闻媒体对某一特定问题投入的时间和空间。例如在2008年北京奥运会期间，各大新闻门户网站都专门为奥运会、运动员和相关故事的报道创建了特别栏目。显著性的第三个组成部分是特定事件的持续时间。一个典型例子就是每年对中国春运的报道，持续事件长达40天之久。

　　议程设置的概念可能正在 Web 2.0 时代被越来越多地改变。在任何传统新闻机构中，新闻故事的位置都是由少数把关人决定的，他们从许多不同的角度选择新闻报道项目，包括新闻价值特征、不同的地方和地区利益，以及广告和公司的影响。这些制约因素共同决定优先报道某些事件而不是其他事件。快速浏览今天的社交媒体，我们可以看到公民新闻和普通人创造和分享的他们对周围世界的观察。随着内容越来越多地由大众发表并与大众分享，人们可能会质疑大众媒体组织作为议程制定者的作用。一些重大事件确实首先由大众报道，再由新闻媒体跟进。因此，有学者提出"网络议程设置"模型，指出议程设置的主导者已经从传统媒体转移到了社交网络（详见第十四章）。

　　不过也有研究表明，大部分社交网络上分享的链接其实由极少的用户生成，传统媒体依然是内容生成者的中坚力量。这种内容分布符合意大利著名经济学家维尔弗雷多·帕累托（Vilfredo Pareto）的二八定律（亦名"帕累托原则"），即80%的信息由不到20%的信息来源生产。因此，传统的信息来源在今天的网络化时代仍然保持着相当大的社会影响力。

（二）涵化理论（cultivation theory）及例证理论（exemplification theory）

　　1968年，学者乔治·格伯纳（George Gerbner）等人提出了"冷酷世界综

---

① Funkhouser G R. The issues of the sixties: an exploratory study in the dynamics of public opinion[J]. Public Opinion Quarterly, 1973, 37(1): 62-75.

合征"(mean world syndrome)概念,解释为什么大众媒体用户认为他们周围的世界是一个特别危险的地方,尽管犯罪统计显示暴力犯罪正在急剧下降。其涵化理论认为,随着越来越多的犯罪电视作品和新闻广播出现,电视中的世界观严重扭曲了观众对现实世界的看法,媒体观众自然而然地认为他们周围有更多的犯罪案件,这些信息与社会世界中的典型事件有关①。

从道夫·齐尔曼(Doff Zillmann)等人提出的例证理论看大众传媒的运作机制,更能详细解释这个过程②。从故事的特征出发来判断新闻是否有价值,具有新闻价值的故事往往因为它们的独特性特别吸引媒体制作人的注意,例如来自边远山村的寒门贵子的成才故事和在治安良好地区突发的恶性犯罪事件,这两个事件都吸引了我们的注意力,因为它们都是意外事件,是非常规事件的典范。

大量重复使用范例的媒体报道,可能会导致人们会对现实产生相当偏颇的看法。例如,如果新闻只报道某一特定地区的犯罪故事,它可能会向媒体受众暗示,该地区特别危险,而不管该地区是否真的比周围地区危险。换言之,当报纸继续关注独特的范例时,读者开始相信,列举的故事代表了日常事件。回到犯罪例子,我们相信周围有一个冷酷的世界,因为我们经常读到它们,而且我们很少得到证据表明这些是罕见事件。

让我们考虑 Web 2.0 时代的媒体系统会如何改变我们对不同事件信息的获取。例如,新冠疫情期间,社交媒体用户不仅能从官方媒体处获取权威信息,还能从那些抗击疫情的前线亲历者所提供的图像、视频和评论中获得许多一手资料。从这个意义上讲,因为社交媒体,我们比以往任何时候都能更广泛地了解新闻事件,这有可能让我们回顾过去的范例,从而对任何特定的新闻事件获取更全面的观点。

---

① Gerbner G, Gross L, Morgan M, et al. Growing up with television: cultivation processes[J]. Media Effects: Advances in Theory and Research, 2002(6): 43 - 67.

② Zillmann D, Brosius H B. Exemplification in communication: the influence of case reports on the perception of issues[M]. London: Routledge, 2012.

（三）框架理论（framing theory）

无论是在报纸、网页上，还是以广播电视形式呈现新闻报道时，记者和编辑必须选择如何"包装"新闻，以满足各种受众的需求。故事的哪些方面对观众来说最重要？哪些元素比其他元素更有新闻价值？我们从哪一个引文或事实开始？我们如何构建故事，使其对读者最具吸引力？我们如何突出新闻报道中最重要的元素？

社会学家欧文·戈夫曼试图在他的框架理论中解释这种精巧的新闻构造。他认为：① 故事框架是为了突出特定事件；② 这些框架影响着受众解码和解释故事的意义[①]。根据政治传播学者罗伯特·恩特曼（Robert Entman）的观点，框架是选择性地使感知到的现实的某些方面，在交流文本中更突出，从而得出特定问题的定义、因果解释、道德评估和治疗建议[②]。简单地说，我们可以把框架理解为有目的地包装一个故事，以突出某些故事元素。

当我们研究框架时，一个中心问题是故事框架如何使某些故事元素比其他元素更突出，以及这种增加的显著性如何影响我们准确处理故事信息的能力。例如，2021 年春天，我国北方多地出现强沙尘天气，引发了不少人对我国治沙工程的质疑。如果将这次沙尘暴的来龙去脉阐释清楚，即源自蒙古国，是全球气候变化的一个突出后果，同时对我国历年来的治沙工作进展进行梳理，那么就能让读者更全面地处理信息，得出更客观公正的结论。

框架理论是否会在 Web 2.0 时代受到挑战呢？如果说新闻制作人精心设计故事框架，是为了向受众呈现具有某种附加意义的新闻的话，那么当当今媒体受众并不总是从大型媒体机构获得新闻时，这一建构过程又会有什么不同呢？例如，在之前讨论的反转新闻重庆公交车坠江事件中，一开始出现了诸如"女司机不安全操作引发事故发生"等带有明显性别偏见的框架，

---

① Goffman E. Frame analysis: an essay on the organization of experience [M]. Cambridge: Harvard University Press，1974.
② Entman R M. Framing: towards clarification of a fractured paradigm [J]. Journal of Communication，1993，43(4)：51 - 58.

之后随着真相展开,才逐渐"驱逐"了这个框架的影响,还原了事实真相。当今的多元网络媒体环境或许会使框架效应的影响减弱。

本章小结:

　　本章从传统新闻讲起,探讨了数字时代新闻生产与消费的诸多问题。这些问题包括:公民新闻是否会取代专业新闻生产?媒体内容的广播与窄播的二元对立是否依然成立?算法推荐是否会导致信息茧房?等等。同时,这些问题也给传统媒介效果理论带来挑战。数字时代的这些理论是否需要革新等问题都值得继续深入探讨。

思考题:

1. 你如何看待公民记者和公民新闻?它们是否代表新闻业未来的发展方向?
2. 本章探讨了三种媒介效果理论,除此之外你还能想到哪些相关理论可以解释数字时代的新闻?

第七章
数字时代的娱乐与学习

导言：

　　教育与娱乐似乎是水火不容的两个概念。伴随着媒体技术的发展，关于不同媒体上的教育与娱乐的争论就一直持续不休。这些争论在电视时代存在过，在电子游戏身上出现过，也延续到了以社交媒体为代表的 Web 2.0 时代。尽管这些媒体技术被很多人认为侵占了教育的时间与精力，但不可否认的是，大量涌现的慕课，以及伴随着全球新冠疫情再次兴起的在线课程等教育形式，为我们带来了新的教育增值，在很大程度上重塑了今天的教育格局。

第一节　电视上的娱乐与学习

　　厘清今天很多从教育角度对新媒体进行的批评，有必要回溯一下在传统媒体时代电视所受到的批评，因为你会发现这些批评实际上是一脉相承的。

　　20 世纪 60 年代，在不少西方发达国家，大多数家庭拥有了电视机。借用媒介学者乔治·格伯纳经常被引用的一个观点，电视成为"这个时代的伟大故事讲述者"，在传播信息的同时，成为娱乐的中坚力量。这点从电视机的摆放位置就能看出来：一般家庭通常都将电视机置于客厅的中央,围绕着电视机展开家庭娱乐休闲活动。因为电视节目的低俗化、娱乐化、商业化和暴力化,时任美国联邦通信委员会(Federal Communications Commission,简称 FCC,其职能与我国国家广播电视总局类似)主席的牛顿·米诺(Newton Minow)就曾直截了当地批评当时的电视是一片"巨大的荒漠"(vast wasteland)。

电视在儿童中很受欢迎。据统计,在 20 世纪 60 年代中期,美国儿童每周观看电视的时间超过 27 小时。为了迎合儿童群体,很多地方电视台开始制作针对儿童的电视节目。随着电视提供信息和娱乐的作用日益突出,很多人开始担忧电视内容对儿童的消极影响。不少节目内容被一些人批评为关注暴力和欺凌行为,可能会刺激孩子们对同伴做出同样的暴力行为。此外,20 世纪六七十年代新闻头条里也充斥着很多未经审查的内容,比如血腥的战争报道和不堪的政治丑闻。父母、制片人和学者开始关注电视在认知和情感方面对儿童发展的潜在影响。然而,电视是一种非常流行的媒介,所以简单地把电视和儿童隔离开并不是一个好的解决方法。相反,这种"一刀切"的做法看起来非常简单粗暴。电视对儿童发展的负面影响是显而易见的,但它是否也有带来积极影响的可能?

20 世纪 60 年代的西方世界里诞生了两部很有代表性的儿童电视节目。美国杰出的电视制作人琼·甘兹·库尼(Joan Ganz Cooney)和劳埃德·莫里塞特(Lloyd Morrisette)察觉到了电视在社会经济地位较低的家庭的儿童中很受欢迎,以及不同社会经济地位家庭的孩子成绩存在差距这一现象。他们于 1968 年组织金融家和研究人员成立了儿童电视工作坊(后改为芝麻街工作室)。儿童电视工作坊获得了近 800 万美元的赠款,制作出了高质量的儿童节目,其制作标准与当时最流行的电视节目类似,并且有来自学术界的支持(包括哈佛教授设计的教育课程)。由此,《芝麻街》诞生了,这是一档聚焦儿童认知发展的电视节目。到 1979 年,将近 900 万 6 岁以下的儿童是该节目的日常观众,在低社会经济地位的家庭中的收视率特别高。到了 21世纪,该节目在国际上取得了成功。为了反映文化和社会问题变迁,《芝麻街》延展和扩大了自己的教育观点。这些变化包括 2010 年引入了一个非洲裔木偶以及 2002 年引入了一个在南非塔卡拉尼街上被诊断感染了艾滋病毒的木偶 Kami。

《芝麻街》在电视上播了很长时间,但它真的成功了吗? 该节目是否缩小了儿童的学业差距? 一方面,观看《芝麻街》的儿童在学校的表现明显好于不看节目的儿童,观看时间是成绩的一个显著正向预测因素,即儿童看《芝麻街》越多,他们在学校的表现越好。然而另一方面,研究也表明,低社会经济地位家庭的孩子和高社会经济地位家庭的孩子之间的教育差距实际上增加了。与其他类型的节目相比,儿童总体上能够从《芝麻街》中学习到很多东西,但是如果家长更多参与到孩子学习中的话,那么儿童会表现得更好。这显示出媒体和社会环境对儿童发展的双重影响。当然,《芝麻街》和那个时代的其他节目相比是极具开创性的,其提供的课程也非常具有学术水平。

在《芝麻街》关注儿童学习成绩的同时,对儿童社会发展的担忧也不断显现。例如,米诺在"巨大的荒漠"演讲中不仅谈到了儿童考试成绩的下降,还谈到了某些带有"血腥和怒喝、骚乱、暴力、虐待狂、谋杀"的电视内容,以及充斥着"尖叫、哄骗和冒犯"的广告——这对许多人来说都是一个值得关注的普遍问题,也事关广大电视观众的幸福和健康。另一位杰出的电视人弗雷德·罗杰斯(Fred Rogers)在许多方面都和米诺观点一致,他希望建立一个聚焦儿童世界的儿童节目——一个充满了想象力、好奇心和奇思妙想的电视节目。于是电视节目《罗杰斯先生的邻居》于 1968 年 2 月首次在美国播出。不同于《芝麻街》,《罗杰斯先生的邻居》使孩子们接触到社会的各个方面,向孩子们展示世界的运作方式(例如参观工厂和建筑工地),讨论离婚、战争以及如何应对死亡。就连著名的媒介批评家和学者乔治·格伯纳都写道,弗雷德·罗杰斯以一种具体的、润物细无声的方式关注现实世界的问题,这对儿童的健康成长具有积极作用。研究表明,经常看《罗杰斯先生的邻居》的孩子在学校表现出的行为问题较少,更加具有开放心态,更能控制好自己的情绪,而这些积极影响在低社会地位家庭的儿童中尤为明显,这可能是由于这些孩子看电视更多。

 延伸阅读

知 识 沟

随着电视的普及度越来越高，教育专业人士和家长都注意到儿童的认知发展和电视受欢迎程度之间出现了一个令人不安的趋势。来自低社会经济地位家庭和高社会经济地位家庭的儿童之间的成绩差距正在扩大，即来自高收入家庭的儿童在学校的表现比来自低收入家庭的儿童好。人们越来越担心这种成绩差距会扩大社会经济地位带来的差距。针对低收入家庭儿童的调查显示，来自低社会经济地位家庭的儿童比那些来自高社会经济地位家庭的儿童看电视更多。一个常见的原因是，低收入家庭的父母通常工作时间较长，导致孩子放学和父母下班回家之间有一个时间空当，只能用看电视来填充。《芝麻街》就是在这样的背景下应运而生的。

知识沟的概念最早由美国几位明尼苏达学者蒂奇纳（Tichenor）、多诺霍（Donohue）和奥里恩（Olien）于1970年提出，指的是随着大众媒体信息流入社会系统的增加，具有较高社会经济地位的人群获得信息的速度大于具有较低社会经济地位的人群，因而不同人群之间的知识鸿沟会增大而非减小[1]。然而后续研究表明，《芝麻街》这样寓教于乐的电视节目并没能有效弥合知识沟，随着时间流逝，基于社会阶层和家庭收入而来的知识沟反而一直在扩大。例如，2011年美国研究者泰森（Tyson）发现，来自贫困家庭的黑人小孩更相信"读书无用论"，忽视STEM（科学、技术、工程和数学）课程，并形成诸如"数学智障者""科学怪人"等刻板印象[2]。

---

[1] Tichenor P J, Donohue G A, Olien C N. Mass media flow and differential growth in knowledge [J]. Public Opinion Quarterly, 1970, 34(2): 159-170.

[2] Tyson K. Integration interrupted: tracking, black students, and acting White after Brown[M]. New York: Oxford University Press, 2011.

第二节　电子游戏里的娱乐与学习

如果说电视是 20 世纪中叶儿童娱乐的主要媒介，那么 21 世纪娱乐的主要媒介之一则是电子游戏。根据《2020 年中国游戏产业报告》，2020 年，我国游戏市场营销总额为 2 786.87 亿元，比上年增加 478.1 亿元，同比增长 20.71%，继续保持较快增速；与此同时，游戏用户数量也保持稳定增长，规模达 6.65 亿，同比增长 3.7%。而在美国，在 2010 年，近 70% 的美国家庭表示经常玩电子游戏，他们平均每周玩 8 小时。电子游戏在儿童中大受欢迎，以至于一些观察家认为没有电子游戏的童年实际上会对儿童与同龄人交往的能力产生负面影响①。

然而，电子游戏在很多人尤其是家长心目中一直是比较负面的，甚至被视为洪水猛兽。例如学者何威和曹书乐分析了《人民日报》从 1981 年到 2017 年 37 年来 1 718 篇关于电子游戏的报道，他们发现，早期"电子海洛因"的呈现占了较大比重，这反映出社会的普遍看法②。而在美国，针对电子游戏的争议也同样存在。正如 20 世纪五六十年代电视的兴起引起家长们对孩子们所学内容的关注一样，许多人痛斥电子游戏，认为其具有明显的反社会特点——战斗游戏和第一视角射击游戏往往被视为高度暴力的游戏例子。例如，1995 年《真人快打》在公共商场中的发行被禁止，视频游戏行业开始根据内容对视频游戏进行评级。

然而，正如对电视对儿童影响的讨论一样，有人提出了一个问题：电子游戏既然有消极的一面，是否也有积极的一面？

电子游戏作为一种教育工具并不是一个新概念。电子游戏本质上是教育性的，因为它们要求玩家熟悉一个并不属于他们自己的世界。早在 1971

---

① Jones S. Let the games begin: gaming technology and entertainment among college students [M]. Washington, DC: Pew Foundation, 2003.

② 何威，曹书乐. 从"电子海洛因"到"中国创造"：《人民日报》游戏报道(1981—2017)的话语变迁 [J]. 国际新闻界，2018，40(5)：57－81.

年,一项利用电子游戏的互动性来教授学业的项目就已经开始实行。电子游戏成为强大教育工具的一个原因是它们与生俱来的交互性。与电视和其他传统媒体不同,电子游戏在许多方面需要参与者积极的、几乎一直持续的参与,迫使被动受众成为主动用户,而主动参与被认为是增强教育效果的关键。此外,电子游戏利用了许多教育心理学家和教学专业人士所倡导的多模式学习实践——电子游戏同时以文本、听觉、视觉和体验的方式来呈现游戏内容。

在充当真实世界事件和系统的精确模拟方面,电子游戏作为教育工具尤为有效。严肃游戏很好地展示了如何促进游戏玩家关于复杂问题的理解。以牛津大学的克里斯托弗·林托特(Christopher Lintott)和凯文·沙文斯基(Kevin Shawinski)共同开发的游戏银河系动物园(Galaxy Zoo)为例,这是一款真正产生重大科学影响的游戏,受到了来自世界各地天文学家和程序员的资助。这款游戏是让游戏玩家参与对哈勃太空望远镜拍摄的星系照片的分类工作。第一版 Galaxy Zoo 吸引了超过 10 万名玩家参加,在 175 天内标注完了 90 万张星系照片,一名叫做哈尼·冯·阿科尔(Hanny Van Arkel)的荷兰教师玩家甚至因此发现了一个新的天体类星体电离回声,后被命名为哈尼星体(Hanny's Voorwerp,荷兰语为哈尼物体)。这款游戏也启发了之后一组与天文工作有关的严肃游戏的问世。

事实上,即使不设计成教育性游戏也具有一定的教育和发展益处。一项针对腹腔镜外科医生的研究显示,那些具有电子游戏经验的外科医生具有更好的手眼协调能力以及更容易理解机器的人机交互界面[①]。威斯康星州大学学习与转移实验室的资料记录了电子游戏的许多优势,它可以作为帮助人们提高认知能力、记忆力、手眼协调能力以及许多其他不同技能的工具。性别差异导致两性之间的认知技能会有所偏重——比如,男性更擅长精神旋转能力,即从不同角度想象物体的能力,女性更擅长模式识别和语言能力。而研究发现当两性玩家去玩强调这些技能的电子游戏时,可以减轻

---

① Jones S. Let the games begin: gaming technology and entertainment among college students [M]. Washington, DC: Pew Foundation, 2003.

或减少两性之间认知能力的差距。因此，电子游戏被确立为训练各种不同认知能力的强大工具。

研究者们还发现，诸如《魔兽世界》之类的大型多人游戏可以提高游戏玩家的组织和领导能力。这类游戏要求玩家具备很多技能，比如在有计划的攻击中协调其他玩家，将游戏任务分派给其他玩家，以及与不同性别、种族和年龄之间的玩家用技术手段沟通，而这些技能也正是许多工作所需要的[①]。

📁 延伸阅读

游戏改变世界

著名未来学家、未来趋势智库"未来研究所"游戏研发总监简·麦戈尼格尔（Jane McGonigal）在其著作《游戏改变世界：游戏化如何让现实变得更美好》中指出，游戏化可以重塑人类积极的未来。具体而言，游戏正在从三个方面改变着未来：让人们的生活更平等、更充实、更愉悦；让人际交往更真实、更深入、更多元；让娱乐业有更大的发展空间，有更多的经济收益，有更具想象力的挑战。通过游戏化的参与机制（全情投入当下），游戏化的激励机制（实时反馈），游戏化的团队机制（和陌生人结盟，创造更强大的社群），以及游戏化的持续性（让幸福成为一种习惯），可以实现游戏化的四大目标：更满意的工作，更有把握的成功，更强的社会联系，以及更宏大的意义。

第三节　社交媒体里的娱乐与学习

社交媒体影响了许多人阅读和分享新闻时事的方式，带来的更特别的影响

---

① Jones S. Let the games begin: gaming technology and entertainment among college students [M]. Washington, DC: Pew Foundation, 2003.

就是当今用户不断生产海量内容。这会对我们今天的教育带来哪些影响呢？

早期关于社交网站对学业表现的影响研究往往聚焦于替代假设——认为使用社交网络的时间与学业成绩呈负相关，并在很大程度上找到支撑这一假设的证据①。这些发现非常类似于早期关于电视对学龄儿童学习成绩影响的研究——看电视的次数增加与学习成绩下降有关。然而，许多研究没有考虑到学生使用媒体的方式。例如，对电视使用方式的研究发现，观看更多新闻和纪录片类节目的学生表现明显优于同龄人，这表明电视使用类型也是一个重要变量。Facebook 研究也是如此，对使用类型的研究发现，该应用在几个方面对学生的学习产生了积极的影响：参加与课程相关的Facebook 群的学生学习积极性提高了，并感觉与同学和老师更加亲近，而情感学习的这两个方面都对学业成功至关重要；在认知学习方面，Facebook 可以提高学业成绩，因为它为学生提供了一个持续的课堂学习空间，学生在这个自己的空间里，可以拥有一个额外的学习和研究的场所。

当我们把学生视为非常善于使用技术来完成目标的数字原住民时，后一点就显得尤为重要。当今的学习者生活在数字世界中，在这些自主和持续的空间中有目的地与学生交流，也许会提供一个额外的学习途径。例如，鲍曼（Bowman）发现，自愿注册一个与班级相关的 Facebook 页面的学生（323 名学生中约 50％自愿加入该小组），在课程考试中通过介绍性媒介化沟通获得的成绩比选择不加入该组的学生高出 6 分。那些加入 Facebook 小组的学生都认为他们对理解课堂材料、与同学和教授的交流沟通有了更深的体会。然而，其他研究发现，在课堂上出于非学术目的使用 Facebook 会严重影响学业成绩②。

与之类似的，微信群也在中国在校大学生学习中被广泛使用。微信群

①　Junco R. Too much face and not enough books: the relationship between multiple indices of Facebook use and academic performance[J]. Computers in Human Behavior, 2012, 28(1): 187 - 198.

②　Bowman N D. Six points for six posts: evidence for using facebook to facilitate learning in the mass lecture [C]//Aitken J E. Cases on communication technology for second language acquisition and cultural learning. Hershey: IGI Global, 2014: 14 - 17.

的学业相关使用可以分成三个方面：交流学校相关信息，分享和接收学习资料，以及合作解决问题和完成学业项目等。

第四节　网　络　课　程

20 世纪 90 年代，移动互联网在世界范围内普及，为人们生活提供极大便利。"网络教学"应运而生，然而这四个字仍然没有脱离学校这个框架，这意味着，网络教学是在学校范围内，通过多媒体网络教学软件实现远程教学。直到 21 世纪初，网络公开课开始进入公众视野，耶鲁大学、剑桥大学、麻省理工学院等世界顶尖高校的一批优秀课程纷纷公布于网络上。从 2010 年开始，国内外专业团队开始对此类视频进行翻译，引来百万多人次的点击率。在这一风潮中，网易公司对网络公开课的规范投入和推介无疑扩大了网络公开课的社会影响力。到了 2011 年，世界顶尖高校整合网络公开课，推出了大规模在线开放课程概念，即 Massive Open Online Course，简称 MOOC，中文简称慕课。

自 2012 年以来，大规模在线开放课程在世界高校开始流行，对全球高等教育产生了重要影响。美国高校先后推出 Coursera、edX 和 Udicity 三大慕课平台，吸引世界众多知名大学纷纷加盟，向全球学习者开放优质在线教育资源与服务。Coursera 最新统计显示，世界 200 多所知名大学和公司在该平台开放，7 000 多万名学生在该平台注册学习。我国多所 985 知名高校也已加盟以上慕课平台，与哈佛大学、斯坦福大学、耶鲁大学、麻省理工学院等世界一流大学共建全球在线课程网络。甚至一些高中也开始了这种做法，俄亥俄虚拟学院（Ohio Virtual Academy）等在线学校为传统小学和中学教育系统提供了一种虚拟学习的替代方案。2012 年，迈阿密大学在线高中开设了 MOOC，帮助学生为 SAT 等大学入学考试做准备。

慕课的设计初衷不是为了提供认证或学位，也不是为了取代传统教育体系。相反，是为了提供方便和持久的信息获取途径——通常作为现有教育体系的补充或扩展学习内容。慕课通常有两种形式。cMOOC 基于 Web 2.0 理念,通过将慕课作为一个共享学习空间,来实现学生和教师之间的创造和协作。cMOOC 倾向于不太关注教师的专业技能,而是将其重新定位为学生之间更广泛对话的引导者,一种帮助学生参与其中的"身旁指导"。xMOOC 是一种更接近于传统校园学习环境的方式,学生从不同地点登录来参加讲座(现场或预先录制的),然后与导师进行互动,提出后续问题。

值得一提的是,慕课的定义与"网络教学""网络课堂""网络公开课",甚至新冠疫情期间流行的"网课",有着很大差别。学校利用计算机网络为主要手段的网络教学是远程教学的一种重要形式,利用计算机设备和互联网技术对学生实行信息化教育。最原始的网络教学可以被理解为学校的计算机课,为了统一管理,一台教师用的主机可以通过相关软件控制其他计算机的进程。网络课堂则是基于互联网络的远程在线互动培训课堂。一般系统采用音视频传输以及数据协同等网络传输技术,模拟真实课堂环境,通过网络给学生提供有效的培训环境。网络课堂与在线课堂相像,是以技能或培训为主要内容的在线教育课堂。而网络公开课是以互联网为载体,提供知识传播和共享的互联网时代的一种新型教学模式。它与传统远程教育在本质上是相同的,都是一种公开课,但又与远程教育有着明显区别。这种区别主要表现在传播介质和传播方式不同,网络公开课有自身发展和传播规律,结合互联网便捷、海量空间、交互性好等特点,克服了传统广播电视教育媒介定时收看、不易反复学习、单向传输等教育和技术难题[1]。

在现在诸多网站中,以果壳网的 MOOC 学院(mooc. guokr. com)为风向标。以前的网络公开课是简单地将传统课堂照搬到网上,而 MOOC 是结合网络使用者的特点精心制作而成的。变化在于以往的网络公开课会让你觉得老师给别人上课,而 MOOC 会让你感到老师真的在给你上课。MOOC 是定期开课的,有点像学校的学期,所以一旦错过就得再等一学期或一学年之久。课程视频通常很短,几分钟到十几分钟不等,更符合网络时代碎片化

---

① 廖银花. 浅谈学校网络教学[J]. 中国科技信息杂志,2008(3):198+200.

阅读的特点。MOOC会有很多课堂习题，用户须答对习题才能继续上课，也有作业、期末考试等，通过考试之后将由课程老师或课程学校颁发一张证书。如果在学习中遇到困难，用户可以在课程论坛发帖求解，可能会得到来自世界任一角落学霸的解答。

 延伸阅读

新闻传播领域的代表性慕课

课程名称	内 容 简 介	开办大学	主讲人
传播学导论	传播学领域基础理论、模型和概念	阿姆斯特丹大学	鲁特格尔·德·格拉夫（Rutger de Graaf）
媒体	探讨了公民媒体、政治与流行文化、政府透明性、新闻的未来等话题	麻省理工学院	戴维·福伯恩（David Forborne）
理解人类传播	传播学基础理论，传播学对社会、文化等的作用	中国传媒大学	胡正荣
传播学原理	对传播学基本理论的介绍、对传播活动的描述、对传播关系的分析、对传播行为的约定、对传播难题的探讨	清华大学	崔保国
传播理论	讨论个人、符号、媒体、社会、政治等重要概念之间的关系，了解传播行为在日常生活中扮演的重要角色，更加自觉地进行有效、积极的传播活动，调节自我，建立良好的社会关系，批判性接受来自不同渠道的信息，参与政治生活，促进个人与社会的健康发展	中国人民大学	刘海龙
传播的历程	人类传播的历史、传播发展史、传播如何构建社会并改变世界	华中科技大学	张昆
新闻传播史	中国新闻传播事业发展的历史轨迹、特点规律，树立正确的新闻观与历史观；外国新闻传播史揭示的新闻活动深层底蕴，勾画的传播文明发展脉络，融合的思想和史实	暨南大学	赵建国

续　表

课程名称	内　容　简　介	开办大学	主讲人
新闻伦理与法规	探寻新闻职业的道德共识,分析新闻伦理争议源头,在中国新闻传播法框架下,审视新闻传播活动过程中各类主体的法律关系	华中师范大学	江作苏
媒体融合	理解什么是媒体融合,为什么要媒体融合,目前媒体融合是怎样发展的,未来媒体融合又应该如何推进	浙江大学	韦路
新媒体素养	新媒体环境下网络如何建构世界,这种建构对媒介内容、公共舆论、政府决策、公众心理尤其是弱势群体权利的影响以及公民使用网络进行有效沟通、公共表达、公益动员、社会参与的可能	中山大学	张志安
大数据与信息传播	计算机信息技术发展对人、媒介、信息的相互关系有何改变	复旦大学	程士安
传播时代论	新媒体的前世今生,如何被我们的生活塑造,如何改变我们的生活,新媒体与人类社会之间的互动关系	浙江大学	韦路
性别与传播研究	传播学与性别研究的交叉领域。公共和私人生活中,性别和传播如何深刻相互影响	拜欧拉大学	蒂姆·米尔霍夫（Tim Muehlhoff）
智能媒体传播	从传播技术的更新迭代,聚焦智能时代下的媒体传播。以"虚拟现实"为切入点,探讨占据智能媒体传播C位的智能新闻、智能媒体传播的核心社交网络,对智能媒体传播构建的平台社会等进行剖析	中国传媒大学	段鹏、张磊
健康传播:基础与应用	以传播学和健康行为学为基础,以说服理论为核心,从基本概念、文化内涵、心理行为、媒体报道、风险传播、信息搜索、医患沟通、公共卫生、社会营销及健康运动等多维度勾勒健康传播研究与实务的知识地图	暨南大学	黄雅堃
健康传播的理论与方法	传播学的基本概念,影响健康传播的几个要素	北京大学	钮文异
谣言心理学:谣言真的止于智者吗?	谣言的定义、心理学原理和传播机制,疫情暴发时期谣言产生的原因,奥尔波特经典著作《谣言心理学》带来的新启示	南京大学	胡翼青

课程名称	内　容　简　介	开办大学	主讲人
传播学研究方法：传播研究的想象	介绍传播学基本研究方法等	香港城市大学	李金铨
传播学在中国	传播学理论在中国的发展、适用与不适用之处，传播学学科的发展变化	中国人民大学	陈力丹

第五节　社会认知理论

很多情况下，人们可以通过观看而不是亲身实践来学习。例如在观看《芝麻街》和《罗杰斯先生的邻居》这两个节目时，儿童通过观看他人在屏幕上的动作而不是自己实践这些动作来进行认知或情感学习。这种通过间接经验而不是直接经验进行的学习构成了社会学家阿尔伯特·班杜拉（Albert Bandura）提出的社会认知理论的基础。

社会认知理论（之前又名社会学习理论）的核心思想是，个体通过模仿他人行为来学习[①]。为了做到这一点，首先，个人必须关注他人的行为，并花精力来理解观察到的行为脚本。其次，个体必须能够保存住他观察到的行为脚本，这样就算这个行为本身不再出现，个体依然能想起它。再次，个体必须能够学会如何再现和独立实践这个行为脚本。同时，个体不会盲目模仿他们所学到的每一个行为，而是必须有一个动机才能制订或执行脚本。个体动机的一个决定因素是见证行为脚本的后果。例如，如果一个受欢迎的电视节目中的角色一直使用暴力来解决人际关系问题（例如与朋友和爱人打架），并且因为这种行为而得到奖励（他的朋友和爱人越来越喜欢和尊重他），观看该节目的个人可能倾向于认为暴力是解决人际冲突的一种可接受和有用的办法。然而，如果这种暴力行为导致负面结果（他的朋友和爱人

---

① Bandura A. The evolution of social cognitive theory[C]//Smith K G, Hitt M A. Great minds in management. Oxford: Oxford University Press, 2005: 9 - 35.

离开他），这个行为脚本就很可能不会激励观看的人去模仿。

班杜拉认为，与那些被惩罚的行为相比，个体有更强烈的动机去模仿他们看到的有回报奖励的学习行为。对给定行为不施惩罚被大多数人认为是一种隐性奖励。决定是否实践所学行为的另一个相关决定因素是模特吸引力。研究表明，电视观众在进行观察性学习时，会觉得那些与自己性别和种族等个人特征更相似的模特更具吸引力。

班杜拉强调了认知学习与行为学习的不同。虽然行为可以通过观察来学习，但个体必须有一个动机来执行行为。换句话说，学过的行为脚本不一定能成为个体真正执行的脚本。

在计算机中介传播中这个过程是否会有不同呢？其中一个明显区别是交互性的出现。班杜拉的所有研究都基于这样一个理念：我们可以通过目击而不是通过实践不同的思想、行为和感受来学习。然而，当一个孩子使用互联网来查找文献资料，或者玩一个要求他们做出特别暴力的行为的电子游戏，甚至是一边看视频节目一边刷弹幕，这还仅仅是观察性学习吗？社会认知理论也许面临着革新的必要。

本章小结：

本章讨论了传统媒体与新媒体平台上的教育与娱乐的问题。尽管新媒体饱受批评，但是我们依然可以看到各种新媒体因其特有的社交属性和交互性而可能成为很好的教育工具，当然，这取决于我们如何使用它们。然而问题是，这些崭新的属性是否会给传统传播理论带来变化呢？这个问题值得继续深入探讨。

思考题：

1. 你认为如何才能缩小知识沟？

2. 你认为讨论多线程任务（multi-tasking）会给经典传播学理论带来冲击吗？

第八章
信息素养与数字鸿沟

导言：

新冠疫情期间，一场关于健康码使用的讨论再次引发了大众对数字鸿沟的关注。很多老年人因为不会使用智能手机，无法正确出示健康码，给出行购物带来诸多不便，有人戏称这些老人是信息时代的一群"数字难民"。迅猛发展的技术是否抛弃了那些信息弱势群体？如何弥合因代际、受教育水平和收入差距等带来的数字鸿沟？这是数字时代带给我们的巨大挑战。

第一节　信　息　素　养

信息素养(information literacy)的概念由美国信息产业协会主席保罗·泽考斯基(Paul Zurkowski)于 1974 年提出[①]。1998 年，美国图书馆协会(American Library Association)发表了著名的《信息素养总统委员会总报告》，提出了被普遍认同的信息素养定义："识别何时需要信息，以及定位、评估、有效使用和交流各种形式的信息的能力"[②]。过去数十年间，信息素养一直被当作个人学习和发展的基本素养，受到全球范围内学界的普遍关

---

① Zurkowski P G,何乃东.信息服务环境：关系与重点[J].图书情报知识,2017(1)：26-28.
② 见 https://cgrs.szlib.com/QK/Paper/749748.

注,而公民的信息素养更成为衡量国家综合国力与国际竞争力的标准之一。

信息素养倡导者、教育学者迈克·艾森伯格(Mike Eisenberg)认为,虽然在过去几十年里,学习和工作都更加大量地使用了电脑,但这并不一定代表使用者具备了信息素养,因为了解硬件操作和知道如何获得必要信息以做出正确决定,这二者是有很大区别的①。随着网络上的信息量以指数级速度增长,具备信息素养变得越来越重要。就如何培养具有信息素养的人才,学者提出了许多理论模型。其中使用最为广泛的模型由艾森伯格和伯科威茨(Berkowitz)在1990年提出②。被称为"大六"(Big Six)的艾森伯格和伯克威茨模型为我们提供了一种将信息素养理解为一个过程的方法(见图8.1)。

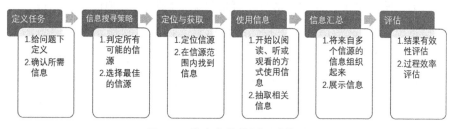

图8.1　信息素养的"大六"模型

"大六"模型从任务定义开始。在掌握如何获取信息之前,你首先必须要知道你在寻找什么,你希望完成的任务是什么,同时还需要能够识别出完成此任务所需的信息。以与疾病相关的健康信息搜索为例,你需要明确你的搜索任务是为了解决某个实际的问题,例如当出现一些疾病症状,如头疼、胸闷、呕吐时,明确你身体出了什么状况。

"大六"模型的第二阶段涉及信息源识别。这是一个关于信息素养的规范和期望不断变化的阶段。在这个阶段,用户确定所有可用的信息源,并决定哪些信息最有效。定义最优信息有不同的方法。对于相对不重要的决

①　Eisenberg M. Information literacy：essential skills for the information age［J］. DESIDOC Journal of Library & Information Technology，2008，28(2)：39.

②　Eisenberg M，Berkowitz R E. Information problem-solving：the big six skills approach to library and information skills instruction［J］. Norwood，NJ：Ablex，1990.

定，最快找到的信息也许就符合要求了。例如，如果想找今天晚餐吃什么，搜索一下点评类 App，结果就会显示出你所在地区可供参考的选项，第一个推荐就可能是你需要的信息，而无须进一步搜索。然而对于那些较为重要的任务，反复筛选直至找到最优信源则非常重要。例如租房，如果只打开推荐页面的第一个链接，可能不是一个最优的选择。

信源可信度成为第二阶段的中心组成部分。具有信息素养的人应当明白事实陈述和意见陈述之间的区别，并知晓营销和广告的说服意图。互联网提供了无限的信息来源，但这些信源中许多是完全不可靠甚至别有用心的。每当我们进行简单搜索时，都会被广告和垃圾信息"轰炸"，因此，学习如何筛选信息，并确定哪些是可信和有用的信息，成为一项关键技能。

第三阶段是定位并找到信息。有信息素养的用户必须能够找到最有用的信息源，并从这些信息源中找到所需信息。再次回到搜索健康信息的案例，你可能很快就能找到医生网上问诊的页面，然后反复比较不同医生提供的信息，直到你认为确认了病情为止。然而，出现了一个棘手的问题：信息获取。如果你无法接触到某个信源，就不可能从中获取信息，甚至可能出现这样的情况：你知道在哪里可以找到信息，但无法触及，例如很多市场调研数据和完整的智库报告等。

在第四阶段，"大六"模型描述了一个关于信息使用的技能集合。这些技能被细分为两部分——首先，人们必须知道如何通过读、听、看、搜索等方法获取信息。在新媒体环境下，当你遇到一个嵌入视频的链接，可能会不假思索地点击页面中的箭头开始播放视频。但从未接触过互联网的人可能会盯着屏幕，面对各种按钮无从下手。其次，信息使用包括提取相关信息。在这一阶段，我们正在努力进入一个更精细的专业水平，需要寻找的是决策必需的信息，而不只是感兴趣的主题信息。

下一步是信息汇总。这个阶段重要的是组织和呈现多个信源信息，并完成决策。信息呈现方式包括正式和非正式。在工作场合，你可能会被要求调查并介绍某个产品或组织的相关信息，这是一种正式方式；但在私人领域，汇总形式多是非正式的。

最后，"大六"模型提倡一个评估过程。在此过程中，个人会从过程和结果两方面回顾哪些工作有用、哪些无用。这一阶段也磨砺和提高了信息素养，通过批判性评估信息寻找和获取行为，我们可以知道下次如何做得更好。当我们重复类似信息相关任务时，它们最终会变得有章可循。值得注意的是，也正是因为这一点，改变我们信息搜寻习惯的过程经常会遇到阻力。人们往往讨厌新的操作系统、微博布局、网站设计等，直到他们习惯了新的界面和流程。

第二节　工作场合中的信息素养

信息素养在数字时代的学习与工作中扮演着重要角色。在日益依赖传播技术的跨国交流与全球经济发展中，成功跨越时间和文化限制驾驭大规模信息和传播资源是一项必不可少的技能。

近年来，学者们开始关注工作场所需要的信息素养应该如何定义。克莱斯汀·布鲁斯（Christine Bruce）定义了工作场所信息素养的"七面"（seven faces）[①]。第一面，使用信息技术来保持联系，在工作场所与他人交流。例如，在学术环境中，人们会使用图书馆数据库进行研究，使用网上教学系统进行教学活动，使用电子邮件与学生和同事交流。成功使用这些信息技术不仅仅指学会了如何操作，更涉及结合职业和文化背景来使用该技术。工作中有一些不成文的规范规定如何及何时使用这些技术，以及用于哪些特定任务。例如，通过比较社交媒体在中国和美国的使用场合，你会发现，在美国很少有同事或上级通过社交媒体与你进行工作交流，但几乎每个中国职场人都会使用微信开展工作，甚至有企业要求员工在工作微信群做到24小时内回复。由此可见，不同文化语境下的工作场所信息素养是有差异的。

第二面，掌握如何从合适信源获取信息是工作场所信息素养的另一个组成部分，这与"大六"模型中确定信息策略阶段一致。布鲁斯将此模型扩

---

① Bruce C S. Workplace experiences of information literacy [J]. International Journal of Information Management，1999，19(1)：33-47.

展到信息技术之外，并从更广泛的组织意义上评估理想信源。例如，尽管你能从在线资源中获得项目相关必要信息，但可能还存在从其他资源中获得信息的必要性，只有综合所有信息才能拼凑出一张完整的信息版图。因此，理解从何处获取信息，并明白数字资源可能不是绝对理想来源是关键所在。

第三面，将信息素养理解为完成解决方案或可交付成果的过程。布鲁斯指出，一个组织内有多种多样的可用信息资源，可能会有不同但都有效的解决方案，这些解决方案来自不同信源。根据个人偏好、与同事合作、对不同数据源的熟悉程度以及在组织中的位置，不同个体可能会有不同但都有效的方法来实现相同目标。

第四面，对信息的控制。组织中的信息通常是被提供的，而不是被寻找的。在组织环境中，许多要交换的信息可能是机密或带有权限的，或者至少是由一个人管理的。与人们在工作场所之外通过互联网搜索一般信息不同，并非所有人都能访问到所有信息。重要的是负责把关信息的人知道如何发布信息，以及如何传递给人们。管理环境中的信息守门人实际上可能比其他定位信息的人更重要。

第五面，工作场所信息素养包括通过个人知识库的建立，来完成某些任务或帮助他人完成任务。从数字媒体角度看，一个组织中的一个或多个成员可能不仅是手头问题的知识来源，还是寻找该问题之外的信息的专家。想想你学校的 IT 人员，即使他们不能马上解决问题，他们也清楚到哪里查找，使用什么搜索词和关键术语，以及你可能不知道的 Web 站点。了解如何利用、何时及如何与他人分享这些资源，也是职场信息素养的重要组成部分。

第六面，信息素养涉及将新获得的信息与现有专业知识相结合，这与"大六"模型中的信息汇总阶段相同。从电子来源获得的新信息可以与现有专业知识结合起来，从而产生新的解决办法。没有一种学习模式优于另一种模式，因为学习和信息可以累加。

最后，布鲁斯提出了一种与信息素养相关的道德经验，即知道如何明智地使用信息来助益他人。

显然，"大六"模型中的信息素养过程在这里有一定适用性。如果我们思考一下信息素养的定义，就不难看出它对工作成功的重要作用。如果我们谈论新媒体技术，那么识别、评估和利用电子信息的能力是进步和成功的关键。在许多特定情况下，有判断力地使用网上信息可以为组织带来好处。

最后需要强调的是，新媒体环境下的信息素养是一种习得技能。当我们寻找信息的习惯成型后，就不会特意花太多精力在这上面。但如果你尚未获得这些技能，会让你在学术和职业上处于明显劣势。

第三节　其他相关素养

除了信息素养外，学者们还提出其他类型的素养，例如我们常常提到的媒介素养和网络素养。根据1992年美国媒体素养研究中心给出的定义，媒介素养是指人们在面对不同媒体中各种信息时所表现出的信息选择能力、质疑能力、理解能力、评估能力、创造和生产能力以及思辨的反应能力[1]。从本质上讲，具有媒介素养的人可以批判性地思考他/她在书籍、报纸、杂志、电视、广播、电影、音乐、广告、电子游戏、互联网和新兴技术上的使用与思辨能力[2]。

针对网络时代特点，学者麦克卢尔（McClure）于1994年提出网络素养概念，认为读写基本素养、电脑技能素养、媒介素养和网络素养共同构成了信息问题解决技能[3]。但是，网络素养概念一直存在争议，内涵在不断演变。王伟军等人根据文献归纳了网络素养概念的时间演进过程，并认为网络素养已经取代信息素养成为网络时代的核心素养（见图8.2）。

学者喻国明等人将信息素养、网络素养、媒介素养以及数字素养的关系用图8.3表示，认为信息素养、媒介素养、数字素养是平行而有交集的三种素

---

[1] Vande Berg L R, Wenner L A, Gronbeck B E. Media literacy and television criticism: enabling an informed and engaged citizenry[J]. American Behavioral Scientist, 2004, 48(2): 219-228.

[2] Livingstone S. What is media literacy? [J]. Intermedia, 2004, 32(3): 18-20.

[3] McClure C R. Network literacy: a role for libraries[J]. Information Technology and Libraries, 1994, 13(2): 115-125.

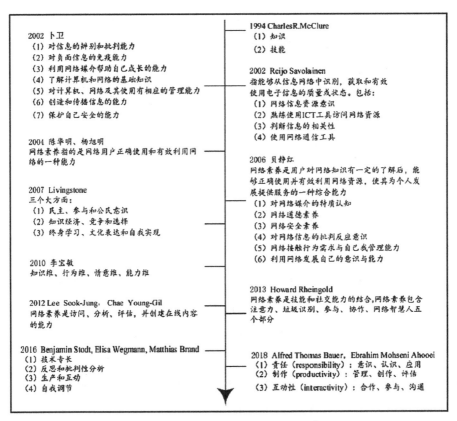

图 8.2　网络素养概念时间演进图[①]

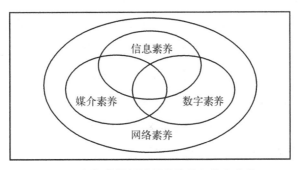

图 8.3　新闻传播领域网络素养与信息素养、
媒介素养和数字素养的关系图[②]

---

① 王伟军,王玮,郝新秀,等.网络时代的核心素养：从信息素养到网络素养[J].图书与情报,2020
（4）：45-55.
② 喻国明,赵睿.网络素养：概念演进、基本内涵及养成的操作性逻辑：试论习总书记关于"培育中
国好网民"的理论基础[J].新闻战线，2017(3)：43-46.

养,但都属于网络素养的一部分。

延伸阅读

新 闻 素 养

著名记者比尔·科瓦奇和汤姆·罗森斯蒂尔在其合著《真相:信息超载时代如何知道该相信什么》一书中提出了生活在当今信息超载世界中必须具备的六项新闻素养:

(1) 我碰到的是什么内容?

(2) 信息完整吗? 假如不完整,缺少了什么?

(3) 信源是谁/什么? 我为什么要相信他们?

(4) 提供了什么证据? 是怎样检验或核实的?

(5) 其他可能性解释或理解是什么?

(6) 我有必要知道这些消息吗?

第四节 数字鸿沟及消除数字鸿沟的尝试

2006 年,网络专家雅各布·尼尔森(Jakob Nielsen)在一篇关于数字鸿沟的文章中提道,世界上某些地区的人口比其他地区的人口有更好的机会从新经济中获益。文章中,尼尔森表达了他的担忧:世界上有很多地方需要关注数字鸿沟,即"拥有者"(haves)和"未拥有者"(have-nots)之间的技术鸿沟,如果纯粹从经济学角度来看,就是每个人能否付得起使用技术所需的费用。为了解决这个问题,尼尔森建议从三个层次来考虑数字鸿沟①。

首先,从经济的角度,需要考虑一般人为访问互联网所负担的支付计算机技术的能力。许多专家认为,当现在计算机成本降至 200 美元,上网费用

---

① Nielsen J. Digital divide:the three stages[R]. Nielsen Norman Group, 2016.

低于每月 20 美元时，我们会认为经济差距是个比较小的问题。尽管计算机价格和互联网接入价格已经下降，这种差距可能不像以前那么大，但它仍然是一个重要担忧，尤其是发展中国家和发达国家贫困地区在获取电子资源方面仍然存在巨大劣势。

其次，使用层面的差异，主要体现在一个人为了接入网络而功能性使用计算机的能力。一些研究人员估计，多达 40％到 50％的人可能缺乏科技知识，很少有电脑、程序或网页是为这些用户设计的。对于技术素养较低的人来说，这些工具可能会保持"不透明"，不能发挥出应有作用。

最后，赋权层面的差异，不仅要考虑对技术的实际接触和操作技术的基本技能，还要考虑个人使用技术满足其自身目标和期望的能力。据统计，在所有在线社交媒体用户中，近 90％的人很少在网络上发布内容，只有约 9％的人偶尔发布内容。如果许多用户没有参与到互联网上的理性交流中，互联网的发展可能会偏离正确的轨道。

一份尼尔森报告总结道，经济鸿沟不是问题，使用鸿沟和赋权鸿沟疏远了大量人群，他们并未享受到互联网的真正潜力。鉴于信息素养在全球化和由技术驱动的经济中所处的中心地位，信息"特权化"所带来的影响可能非常严重。因此，各国针对消除数字鸿沟进行了很多不同尝试。

1999 年 11 月，美国最大的传播学学术组织全美传播协会（National Communication Association，简称 NCA）起草并批准了一项关于数字鸿沟的决议。作为该组织成立以来仅有的三个公认决议之一，这一决议被认为在解决眼下这个日益关键的问题方面具有重要意义：越来越多的美国人发现他们在接触技术方面出现了鸿沟——那些支付得起数字信息的人所享受到的正在兴起的信息经济福利，远超过那些无法触及数字科技的人。最初的决议呼吁提高对技术获取成本问题的重视，即尼尔森提出的"经济鸿沟"问题。但美国传播协会成员认识到，要缩小数字鸿沟，除了给人们提供电脑并督促他们接入互联网之外，还有更多工作要做。美国传播协会于 2013 年 11 月通过了以下关于数字鸿沟的决议修正案：

美国传播协会(以下简称"协会")再次声明,将敦促发展以免费和低成本方式处理和分发电子信息的手段。协会将继续敦促发展通信技术,这些技术只需要经过很少培训即可掌握,凭借其可广泛使用世界各地电子资源。由于电子资源对带宽要求越来越高,协会要求服务商确保必要的连接速度,以保证上述资源能够使用。尽管许多人认为从经济层面看,技术获取障碍已经大大减少,但必须等到技术获取和信息素养障碍得到同等重视并得以解决,能够获得技术的人才能有效使用资源。鉴于上述承诺,协会决心通过加强对获取(access)、可用性(usability)和赋权(empowerment)问题的学术研究,在缩小数字鸿沟方面发挥领导作用。协会工作人员将支持旨在普及电子通信手段的立法。协会将与其他组织合作,以确保美国和其他社区有足够的电子通信资源供所有人使用。协会成员有责任提高对数字鸿沟的认识,将其作为一个综合社会问题,从社会经济、文化素养和赋权等方面加以考量。协会敦促其成员通过研究、教学、将相关材料纳入教学内容等方式,通过社区咨询和教育、支持相关各级政府政策、支持开源软件生产和分配并将其投入继续教育使用中,来积极参与缩小数字鸿沟的议题。

而在我国,虽然尚无类似美国传播协会那样的学术组织发布的官方决议,但不少研究者已经展开了消除数字鸿沟的研究,其中以"数字反哺"研究最有影响。考虑到中华文明中独特的孝道文化,通过家庭内部沟通缩小数字鸿沟,帮助"数字难民"的做法,即称为数字反哺。正如学者顾理平所言[①]:

数字反哺就家庭而言,主要指晚辈对长辈在数字化技术学习和使用中的帮助过程。对于存在数字技术使用障碍的老年人而言,家庭的数字反哺有着更大的有效性,也存在更加广泛的社会意义。反哺行为本身是一种感恩之举,对建立家庭成员间的亲密关系意义重大,也是亲

---

① 顾理平. 数字化生存中的"数字反哺"[J]. 视听界,2020(6):126.

情传承的标志性行为。同时，子女对长辈进行数字技术指导，更具可操作性，可以有针对性地帮助这些前浪们在数字化的海洋里顺利冲浪，帮助他们摆脱数据恐惧心理和网络依赖症，排遣生活孤独，更好地感受数字化生存的温情时光。

第五节　用户生成内容时代的信息素养

从信息素养角度看，众包和用户生成内容所带来的挑战显而易见。"大六"模型的最后一个阶段，即对不同信源的评估，是一项复杂而细致的技能，可能需要大量时间学习。

有没有办法提高我们的信息素养呢？学者理查德·保罗（Richard Paul）和琳达·埃尔德（Linda Elder）提出，存在八个标准可供我们参考[①]。应用这些标准将有助于我们成为有辨别力的用户，并帮助我们不断提升这方面的能力。

第一个标准是清晰度。清晰度可以被视为一个把关标准，也就是说，如果一种表述不够明确，我们就不能确定它准确或相关，大多数情况下，我们就停止了整个信息评估的过程。不要想当然地认为"我不明白那个人在说什么，那个人就一定很聪明"。很多人故意表述得含糊不清，并试图利用这种含糊不清来展示自己的优越，以此冒充专家。

第二个标准是所提供信息的准确性。你正在读、写、说的内容准确吗？可以通过了解信源是谁，考虑他们是否有歪曲信息的动机，检查多个信源，以及理解信息如何生产出来等多方面寻求答案。

第三个标准是精确度。信息或声明具体到什么程度？信息可能是对的，但又可能模糊到并没有什么实际作用。例如，如果说通过"一项研究"得

---

① Paul R, Elder L. The miniature guide to critical thinking concepts and tools[M]. Lanham: Rowman & Littlefield Pub Inc, 2019.

到什么结论,那么这是一项什么研究?如何开展的?样本是什么?这些问题的答案都能够极大提高信息精确度。

第四个标准是相关度。在一场网络争论中,很多信息可能并不切题,如果它与主题不相关,那么对我们有什么帮助呢?例如,一条信息并不是在阐述事件本身,而是对事件中的人物进行人身攻击,这样的信息就没有太多相关性。

第五个标准是信息深度。人们提供的信息往往是肤浅的,与所讨论的议题复杂性并不一致。换句话说,人们经常用过于简单的方法解决复杂得多的问题。一般来说,深度标准提倡你所提供的信息要与你所讨论的问题复杂性相一致。

与信息深度异曲同工的是第六个标准:信息广度。一种陈述是否包括所有必要信息?信息可能很深奥,但不够广泛,因为没有涵盖所有重要维度。

将不同观点融合起来,就产生了下一个标准:逻辑。当不同角度的信息被放在一起时,我们会把这些不同信息按照一定顺序排列组合,当这些融合信息相互支持并在组合中有意义时,逻辑就存在了。

最后一个标准是公平,往往也是最难实现的标准,因为它常常植根于我们自己无意识的偏见中。公平意味着以相似方式对待所有相关观点,即以相似质量标准衡量这些观点,而不优先考虑自己的感受或意见,即不带偏见地看待所有可能的观点,直到被提供的信息使自己能够批判、客观地否定其他观点。这是非常困难的,因为我们会倾向于以一种偏向我们世界观的方式来感知事物,也就是通常所说的自我中心主义。

总之,网络上的海量信息远超过我们能够掌握的范围。然而,随着评估和生产信息的责任越来越重地落到用户自己肩上,有意愿和能力确保用户所消费和贡献的信息是高质量的,就变得更加重要了。尽管今天的信息消费者所能获得的信息量达到了空前高度,但评估这些信息的标准与前互联网时代并没有太大不同。

延伸阅读

维基百科是否可信？

信息素养的一个核心挑战就是区分好的信息和坏的信息。当谈到用户生成内容时，我们必须要问的一个问题是，我们所有人加起来懂的知识一定比我们中的某一个人懂得多吗？18世纪，法国政治学家、数学家尼古拉斯·德·孔多塞(Nicolas de Condorcet)曾论述过群体决策的力量。他的陪审团定理指出，一群人做出正确决定的概率取决于每个群体成员做出正确决定的概率。孔多塞定理指出，当 p_i（其中 p 为概率，i 表示群体中的一个个体）大于0.5时，一个群体做出正确决定的概率会随着新成员加入而增加，即从统计学角度看，这个群体比任何一个给定个体都要聪明。但是，如果 p_i 小于0.5，一个群体做出正确决定的概率会随着群体规模的扩大而降低，即这个群体在统计上比其中任何一个个体都不明智。

根据孔多塞陪审团定理，我们可以认为社交媒体开源特性可能会使其成为错误信息的集合。特别是像维基百科这样的平台，用户大多是匿名的，可能很难相信维基百科全书中的任何信息都是可信的。然而，2005年《自然》杂志的一篇文章指出，就科学问题而言，维基百科上的任何一篇文章与大英百科全书中的任一篇文章相比，具有相当的准确度和可靠性[1]。对此，大英百科全书出版商非常不满。

本章小结：

本章从信息素养出发，讨论了其定义和作用，然后拓展至网络数字时代其他相关素养问题。数字鸿沟是当今世界各国都面临的社会问题，直接关乎网络使用者和非使用者的信息获取和工作生活，因而世界各国都在采用不同措施弥合数字鸿沟。与此同时，网络众包和用户生成内容等给信息素养提出了新挑战。

---

① Terdiman D. Study：Wikipedia as accurate as Britannica[N/OL]. CNET News，2005.

思考题:

1. 针对今天广泛存在的算法机制,有学者提出"算法素养"概念。请针对这个概念进行文献检索,并讨论其存在是否具有价值。

2. 请设计一个研究,探讨维基百科或百度百科的准确性问题。

第九章
新媒体广告与社会营销

导言：

想一想，作为传统营销与广告关键指标的"收视率"等概念，你有多久没听到过了（除了在课堂上）？取而代之的是"流量"这样的热门词汇。这些术语的转变实则体现了社交媒体时代广告营销行业的巨变。本章将就这些变化进行讨论。

第一节　传统营销与广告

10年前，新闻传播学子中不少人是受广告（更准确地说是广告创意）的吸引进入这个领域的，然而后来这样的情况越来越少。尽管具有精妙创意的广告今天依然不少，但是这些广告的投放方式和营销手段与10年前相比有很大差异。在讨论今天的社会营销与新媒体广告之前，有必要回顾一下传统营销与广告。

早在古希腊，就出现了传单和标语牌形式的基本广告。古罗马人也使用类似方法，不仅宣传商品和服务的可用性，而且宣传罗马参议院的审议和决定。在整个中世纪，人们经常使用传单来推广基本商品和服务。当然，印刷机在15世纪的发展使得更多传单得以印刷和分发，甚至催生了早期的报纸广告。

广告作为一种经济力量的崛起是在19世纪中叶。工业化和蒸汽机使广告商可以制作大量传单，更重要的是工业化对商品和服务的创造以及媒体本身的影响。首先，我们能够以人类历史上前所未有的速度生产消费品和产品。其次，广告不再是为了传达信息，而更多是为了说服别人。广告的焦点从告知消费者产品的可用性转向说服消费者购买某一种产品而不是另一种产品。

随着大规模生产的开始，媒体的经济结构也发生了变化。美国人本杰明·戴伊(Benjamin Day)创建了第一份廉价报纸《纽约太阳报》，并建立了一个杰出的经济模式。由于报纸可以在一天之内印刷数万份，使得每份报纸的价格几乎降到了零，报纸收入来源从读者身上转移到那些购买媒体广告空间的人身上。因此，阅读某份报纸的人越多，出版商向广告商收取的广告费就越多。戴伊也是第一个使用"新闻洞"(news hole)概念的人，在新闻洞中，首先排版的是广告，新闻和信息用以填充剩余的空间。这样一来，媒体提供的所谓主要内容实际上只是作为一种填充物，以使广告空间的销售合法化。出版商通过向公司出售广告空间，可以比向公众出售新闻获得更多收入。

这种盈利模式基本上是由杂志、电台和电视台共同选择的，并在20世纪上半叶在电子媒介中得到了扩展和完善。广播成了一种非常有利可图的商品广告手段，从20世纪20年代到50年代，整个广播节目通常由一个赞助商赞助。因此，极受欢迎的节目的听众会听到同一样产品被提及几十次。此外，提供广播频道的能力使广告商能够开发出复杂的方法来区分他们的产品和其他相似产品。通过使用故事、小插曲和广告语，广告商能够更全面地描述他们的产品带来的好处，并提供更多启发性线索。他们还能够同时接触到数百万人，并且能够一次又一次地向这些人传达同样信息。此外，广播广告在很大程度上受到公众欢迎，是因为它通常被视为一种能够保证广播电台对收听者免费的收入来源。

电视将广播的影响力与视觉表现结合在一起，这些视觉表现可能以文字、音频和当下具有视觉吸引力的内容吸引越来越多的观众。监管机构授权媒体从一个赞助商包销整个节目转向我们今天仍然可以看到的模式，即多个赞助商在指定的广告休息时间内竞逐 30 秒到 60 秒的广告位。这虽然限制了广告商的一些直接影响，但实现了更大的广告收入，因为有多个赞助商可以为广告时间付费。

电视广告的繁荣也促进了许多现代广告相关惯例的发展。例如，广告大亨罗瑟·里夫斯（Rosser Reeves）和其他人开发了独特销售主张（unique selling proposition，USP）。借助 USP，广告商可以突出产品的某一个方面，以此将其与其他相似产品区分开来。例如，一家牙膏生产商自称是"全国牙防组的推荐"。独特的销售主张往往用于硬性销售广告中，这个简单的定义特征被反复重复，为了给消费者创造快速的启发线索。

这种对广告的持续重视也推动了媒体研究行业的发展和扩张。像 Nielsen、Arbitron 和 Google NetRatings 等组织为广告客户开发了服务，这些广告客户越来越关注产品的接触面（即接触特定产品的人数）。Nielsen 收视率的制定是为了协商网络电视广告空间的成本。而其他研究机构，如 AC Nielsen 和 Roper Starch，则对观众需求和反应做出具体决定。这些机构与其说是关注目标人群数量，不如说是关注目标人群特征、产品独特之处以及产品推销手段。

第二节　数字时代的广告

虽然现代广告中的许多惯例可以追溯到电视和广播，但互联网在 20 世纪 90 年代的发展和扩散对广告产生了巨大影响。不少广告商将互联网视为另一种媒介，它可以利用广播和电视中的技术进行广告宣传。许多人认为互联网只是一种大众传播媒介，这一观点在 Web 1.0 时代较为正确而到了 Web 2.0 时代，情况并非如此。例如，一些广告商认为他们可以简单地将横幅广告放在热门网页旁边或弹出窗口中，并能相应地吸引到观众。然而，当广告商关注诸如点击率等其他指标，并评估不同网站的受欢迎程度和消费者点击广告的实际次数时，媒体研究机构发现，用户点击的横幅广告数量不到1%。近年来，他们开发了更复杂的方法来触及消费者。

互联网广告越来越依赖于赞助链接，赞助链接是出现在谷歌搜索引擎结果中的第一个链接。广告商通常会以高于对手的价格购买他们认为与其产品密切相关的搜索词赞助链接，这些关键词包括产品名称、产品属性、产品位置或产品物理描述。广告商根据这些链接相关的点击率协商广告位成本，换言之，在现代互联网广告中，广告商为每一个点击谷歌搜索赞助链接的个人支付固定金额。这使谷歌年收入超过500亿美元，并迅速成为世界上非常强大的广告公司之一。

此外，社交网站人气的上升对广告业的变化起到了重要作用。当有人在Facebook上"喜欢"某个人、某件商品或某项服务时，就为广告商提供了大量关于其产品偏好、生活方式、年龄、地理位置、人口信息和兴趣爱好的数据。社交网站还允许广告商发布传统口碑广告的电子版本，因为这些喜欢和评论随后会被个体的社交网络看到。有了这些高度特定的信息，广告商可以利用社交网络的力量，通过Facebook向用户展示可能适合他们需求和愿望的产品广告。

全球最大中文搜索网站百度的广告盈利模式，目前主要包括两种：第一是固定排名，百度在其搜索结果返回页面上设置了固定排名位置，商家如果定期支付关键词费用，就能在该位置显示其产品信息。第二种是竞价排名，即按照出价高者排名靠前的原则对购买了同一关键词的网站进行排名。2005年百度凭借其竞价模式成功摘得"中国企业年度营销创新奖"，其经济收入约80%来自竞价排名带来的广告收入。但这样的盈利模式也带来了一些负面后果，例如虚假不实广告常常被不负责任但又出得起高价的企业通过上述方式发布出去，给消费者造成损失。例如2016年4月至5月的"魏则西事件"，导火索是滑膜肉瘤患者魏则西在百度上搜索出某医院的生物免疫疗法后，去该医院接受治疗导致病情延误而去世。

国际数据公司（IDC）发布的《数据时代2025》报告显示，全球每年产生的数据将从 2018 年的 33 ZB 增长到 2025 年的 175 ZB，相当于每天产生 491 EB 的数据。那么 175 ZB 的数据到底有多大呢? 1 ZB 等于 1.1 万亿 GB，如果把 175 ZB 全部存进 DVD 光盘中，那么 DVD 叠加起来的高度将是地球和月球距离的 23 倍(月球和地球的最近距离约 39 万千米)，或者绕地球 222 圈(一圈约为 4 万千米)。以 25 Mb/秒的网速计算，一个人要下载完这 175 ZB 的数据，需要 18 亿年。

随着物联网基础设施及智能手机、可穿戴设备的普及，我们每个人时刻都在产生大量数据。大数据具有 4V 特征：首先是体量或规模性，即网络用户产生绝对数量的数据；其次是速度或高速性，即我们收集和分析数据的速度；再次是多样性，指拥有许多不同类型的数据；最后是价值性，是指我们相信能够从所收集数据中做出推断的能力[1]。

广告商已经开始雇佣统计学家和社会科学家来帮助他们理解这些大数据，并利用这些数据联系新客户，即使这些客户自己可能都还不知道他们需要什么样的产品。尤其是今天随着智能手机的普及，用户手中的智能手机越来越成为广告商用来跟踪用户偏好的工具。许多智能手机搭载了 GPS 和导航技术，广告商不仅能弄清楚你是什么样的人，你的消费模式意味着什么，而且能弄清楚你在哪里。目前广告商仍在开发更有效的利用地理信息的方法，例如根据消费者的实际位置直接投放广告。通过这种方式，通信技术改变了广告模式，从广告商带消费者去看广告，转向以高度定制和个性化的方式直接向消费者投放广告。

第三节　数字时代的整合营销传播

互联网广告、赞助链接、社交网络广告和数据库营销的可用性给了广告

---

[1] Lugmayr A，Stockleben B，Scheib C，et al. Cognitive big data: survey and review on big data research and its implications: what is really "new" in big data[J]. Journal of Knowledge Management，2017，21(1)：197 - 212.

商一系列吸引注意力的新方法。历史上,关于媒体的学术研究多次使用替代假说(replacement hypothesis)。在替代假说中,我们假设,由于只有一定的时间和精力投入特定活动中,所以我们无法在不牺牲另一种活动的投入时间的情况下采用一种新的媒介。但正如我们一次又一次发现的那样,这是不正确的。有了收音机,我们并没有停止阅读杂志和报纸。在电视开始流行的时候,我们也没有停止听收音机。同样,我们也没有因为有互联网就关掉收音机或不看电视。传播学学者约翰·迪米克(John Dimmick)提出媒介的利基理论(the theory of niche)来解释这一现象,从历史上看,媒体渠道很少会消失,而是为了适应个人的特定用途而重新设计①。一个常见例子是收音机从一种主要的娱乐和信息形式,演变成了我们在做其他事情时使用的补充媒体形式(例如,开车、锻炼或打扫房间时听音乐或新闻)。我们在多任务处理方面通常比学术界所认为的做得更好。

想想看,你有多少次一边用笔记本电脑或平板电脑观看视频一边刷朋友圈?有多少次你在查网页时听音乐?你和大多数新媒体用户一样,这样的操作非常多。现在的广告客户比以往任何时候都更加依赖于所谓的整合营销传播模式。从原则上讲,整合营销传播利用尽可能多的媒体渠道向感兴趣的个人推销特定产品。例如,可以先利用电视和广播提高新产品的知名度,因为互联网的使用是一个相对活跃的过程,所以希望在引导消费者浏览网站上的特定信息之前,首先引入一些产品意识。通过使用来自社交网站的聚合数据或信息,可以确定谁可能会首先对产品感兴趣,并提供一种让消费者获得更多信息的方式。

整合营销战略如此重要的另一个原因是,我们接收到的信息非常丰富,为了消除广告混乱并向受众传递一个有说服力的信息,从而使其根据信息采取行动,只需将广告放在多个位置即可。

伴随着我国网络文化的发展,一些新的广告营销形式随之产生,自媒体软文和直播带货比较典型(见图 9.1)。

---

① Dimmick J W. Media competition and coexistence: the theory of the niche[M]. London: Routledge, 2002.

图 9.1 2020 年 4 月 29 日《东方体育日报》首页的直播带货广告

（图片来源：新民网）

所谓软文，即以报道形式发布广告主所需要的信息。在传统媒体上，编辑充当着把关人的角色，因此，一直是以灰色状态存在于媒介实践中。然而，自媒体内容创作者通常都是既接广告，同时又自己生产内容，软文就成为一种常态。然而自媒体软文的一个显著特点就是具有很强的隐蔽性，或者是意图上的欺骗性。这里所谓欺骗性，并非内容真实与否，而是是否向受众明示其广告属性。传统广告需要遵循相关法律规范的约束，而自媒体软文是否也需要遵守同样准则？这是近来讨论的焦点。目前学界的共识是：自媒体的广告与内容也需要遵循伦理规范，而软文借助原生广告规范获得合法性。在我国，自媒体的广告内容主要由《广告法》规制，但执行力度较弱。因此，有学者建议这样设置：开通一个类似原创声明的内容独立性声明。这对自媒体而言，是一种伦理期待，但对传统媒体而言，则是强制性声明①。

2019 年是我国电商直播元年。艾媒网数据显示，2019 年中国直播电商用户规模突破 7.13 亿，市场规模达 4 338 亿元，较 2018 年增长 226%。2019 年天猫"双 11"活动启动仅 63 分钟，直播成交额就超过了 2018 年"双 11"全天。正如学者指出，"在需求神话与赛博空间的合力下形成了奇特的'消费景观'：符号化的场景布置、具有象征意义的主播 IP、兼具情感交流与购物劝

---

① 庞云黠，李志军.混同到明示：自媒体内容与广告界限的伦理素描及探析[J].当代传播，2019
（1）：104-108.

服的互动行为在一个个直播间上演"①。在这样的背景之下,诞生了一大批头部带货网红主播。

第四节　基于社交媒体的社会营销

传播学者和从业人员发现,通过同样的说服原则去卖一块香皂与卖一种行为或想法,并没有什么不同。传播学者罗纳德·赖斯(Ronald Rice)和查尔斯·阿特金(Charles Atkin)将公共传播活动定义为一系列有目的、有组织的传播活动,通过多渠道呈现一系列媒介化信息,在特定时间段内影响大量受众行为,从而产生非商业性的效果②。赖斯和阿特金提出了公共传播活动取得成功的十条原则,这些原则今天仍然适用。它们包括:

(1)了解相关历史,这意味着活动者需要了解其活动过去和现在的情况。

(2)应用和扩展相关理论,例如了解恐惧诉求在使用恐吓策略预防吸烟活动中的作用。

(3)了解活动各组成部分的理论含义和相互作用,例如了解受众如何看待同一活动的不同方面。以禁烟运动为例,有人想知道吸烟对健康的负面影响,而另一些人想知道如何处理戒烟后的不适感。

(4)计划活动,将目标与个人成本效益相匹配。为了确保一场活动能够最有效地进行,必须确保所寻求目标与同等数量的资源相匹配。

(5)应用形成性评价体系。在教育中,教学过程的一个重要原则是衡量学生在一堂课中的学习情况,教师可以根据学生的进步情况调整教学。同样的原则也应该应用到好的活动中。成功的活动管理者能掌握活动进展,并做出相应改变。

---

① 周丽,范建华.形塑信任:网络电商直播的场景框架与情感逻辑[J].西南民族大学学报(人文社会科学版),2021,42(2):142-147.

② Rice R E, Atkin C K. Public communication campaigns[M]. London:Sage publications,2012.

（6）分析和理解受众。不同受众以截然不同的方式选择和关注活动，对于成功的活动策划者来说，了解他们希望接触到的个体人口统计特征和心理特征很重要。

（7）分析和理解媒体选择。假设我们谈论的是媒体营销活动，那么明智做法是知道在特定营销活动中，目标受众会使用哪些渠道。例如，知道大学生在黄金时段看电视节目很少，这对于设计大学生禁烟运动策略是有用的，因为这个时段播出广告将是一个无效策略。

（8）在性价比高的情况下综合运用多种媒体和人际渠道。作为传播基本原则，媒体说服力往往不如人际说服力强，因此，在可能的情况下，将草根对话与媒体信息结合起来是一个好主意。以禁烟运动为例，许多这样的活动鼓励人们与家人或爱人谈论他们的吸烟情况——这是一种围绕禁烟运动主题进行人际对话的努力。

（9）了解大众传媒的用途和矛盾。在活动现阶段，人们必须考虑活动信息如何与媒体平台相匹配。例如，描述吸烟引起的一种疾病可能不如播放图像有效，因此，广播效果不如电视广告。此外，在电视节目中播放禁烟广告，如果主角是吸烟者（似乎没有因此受到任何不利影响），也是一种矛盾。

（10）确定活动成功的合理标准，并使用总结性评估来评估理论和项目的成功。任何活动都必须从一开始就有明确目标，并应采取措施来衡量这些目标。禁烟运动既可能让公众形成吸烟是一种不健康活动的看法，也可能导致特定目标地区的香烟销量下降。

📁 **延伸阅读**

公共卫生和社会营销

从某种意义上说，社会营销诞生于传统广告之外。在第二次世界大战期间，一些广告主管组成了一个被称为"战争广告委员会"的组织，后来改为"广告委员会"。由于认识到广播广告在移动消费品方面的有效性，业界领袖召集会议，看看是否有办法帮助战争。他们推出了一系列广告宣传运动，旨在出售战争债券和保存有助于战争的物资。这些运动非常有效,战争结束时,超过 8 500 万名美国人购买了战争债券,美国政府筹集了超过 1.8 万亿美元援助战争。虽然战争的结束终止了这场运动,但很明显,市场营销可以用来销售肥皂以外的东西,它们可以用来推销思想、行为、概念和价值观。战争债券运动的惊人效果促使广告委员会考虑社会营销相关的可能性。

广告委员会开始与其他政府机构和非营利组织合作,发起旨在鼓励负责任的、健康的以及其他亲社会行为的活动。20 世纪 60 年代末和 70 年代,其他政府机构、非营利组织和非政府机构开始考虑社会营销的力量。很快,美国肺脏协会、联合国儿童基金会(UNICEF)和反对酒后驾车母亲协会等组织充斥在无线电台中,取得了一定程度的成功。反对酒后驾车母亲协会的反酒后驾车运动被认为是历史上成功的运动之一:自 1980 年以来,美国酒后驾车死亡人数几乎减少了一半。同样值得注意的是,有证据表明,这项运动有效制造了一种上一代不存在的反对酒后驾车的社会污名。21 世纪初,一场与之类似的运动是反对吸烟的"真相"运动,它促使人们更多地了解烟草行业。

新媒体环境下的社会营销与其他渠道结合时效果最好。阿布拉姆斯(Abrams)、夏沃(Schiavo)和勒菲弗尔(Lefebvre)指出,使用不同类型社交媒体的公共卫生活动通常使用一般网站、社交媒体网站、博客或 vlog,这些新媒体元素几乎总是与电视和平面广告相结合①。

社交媒体网站和内容简介可以为个人提供有关健康行为和社区意识的信息。以 Facebook 上的"今日戒烟"小组为例,这个论坛提供医疗信息,为那些想戒烟的人提供建议,并详细讲述戒烟者过去的个人经历。它还提供了机会,让小组成员评论和点赞他人的帖子,从而创造出一种有机的社区感。这个群体在 Facebook 上有超过 9 万个"赞",定向到这个 Facebook 页面的人可能会感觉到,他们是一个更大社区的一分子。

---

① Abroms L C, Schiavo R, Lefebvre C. New media cases in cases in public health communication & marketing: the promise and potential[J]. Cases in Public Health Communication & Marketing, 2008, 2(1): 3 - 9.

Twitter feeds 为社区建设提供了类似机会，也为社会强化提供了机会。简单搜索一下相关标签，就可以让更多 Twitter 用户看到个人经历、奋斗目标和希望。搜索"Quit smoking now"或"Stop smoking"标签，你会收到几十条推文反馈，当然，偶尔也会出现一些垃圾推文，链接到一个推销戒烟辅助工具的网页。不管怎样，它为那些想获取信息和同情的人提供了机会。

第五节 说 服 理 论

（一）扩展并行进程模型

一种特别流行的宣传公共健康和安全问题的方法是使用恐惧诉求，旨在通过吓唬或恐吓观众，使他们注意到一个信息，并激励他们采取保护措施来防范。特别是在健康宣传活动中，恐惧诉求广告往往包含了从事不健康行为的可怕后果，这些广告背后的想法是，诱导恐惧是一种吸引个人注意力的很好方式，这样他们就会更加认真注意信息内容。然而，几十年来，恐惧诉求有效性的证据研究一直比较混乱——似乎活动者和研究人员很难找到某种"最佳点"，即在恐惧产生反作用之前，要诱导多少恐惧。

20 世纪 90 年代初，美国学者基姆·威特（Kim Witte）提出了扩展并行进程模型（extended parallel process model），该模型综合了许多早期基于恐惧的活动观点，以帮助确定有效活动要素[1]。她对这项研究的主要贡献是确定了危险控制和恐惧控制之间的区别。当一个人感到害怕时，会处于一种高度认知失调状态，因为一个人的信念和行为之间的不匹配会引起注意。例如，接受禁烟运动的吸烟者可能会因为他或她确实是一个吸烟者（行为）而感到失调，但现在更害怕吸烟作为一种生活方式（信念）带来的长期影响。为了减少这种不愉快的失调，个体有两个选择：要么停止行为（危险控制），要么改变他们现在对它的消极情绪（恐惧控制）。活动管理者们经常希望观

---

① Witte K. Putting the fear back into fear appeals：the extended parallel process model［J］. Communications Monographs，1992，59（4）：329 - 349.

众参与到危险控制中,但实际上他们经常参与恐惧控制。因此,恐惧诉求是吸引受众注意力的一种强有力的方法,在某些情况下可以导致实际行为的改变,但它们是复杂的,需要的不仅仅是恐惧。好的恐惧诉求也需要行动的呼吁,要求目标人群感到他们可以采取行动,并认为行动将有助于克服威胁(见图9.2)[①]。

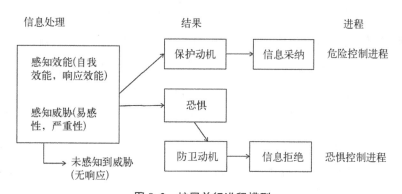

图 9.2　扩展并行进程模型

(二)计划行为理论

多年来,说服研究能够很好地预测态度变化已经得到证明,但态度变化并不一定是实际行为变化。有学者们在 20 世纪 70 年代和 80 年代进行了一系列研究,试图确定引导人们从信息到行动的个人决策过程。他们得出结论,除了信息设计和安排之外,还有其他因素会影响人们服从的可能性,其中行为目的是说服过程中一个不可忽视的重要变量[②]。理性行动理论认为态度不会直接改变人们的行为,相反,它会改变人们的意图,这可能会或可能不会导致行为变化。

想想那些试图让人们戒烟的健康活动,它们可能会非常有效地让别人改变对吸烟的看法,但人们可能不会真的戒烟。为什么? 这就是行为意图

---

①　Witte K. Putting the fear back into fear appeals: the extended parallel process model[J]. Communications Monographs,1992,59(4): 329 - 349.
②　Ajzen I. The theory of planned behavior[J]. Organizational Behavior and Human Decision Processes,1991, 50(2), 179 - 211.

的体现。如果有人不仅改变了态度，而且决定戒烟，他们很可能会寻求如何戒烟的信息。这样，说服过程就变成了一个公众积极参与的过程，并且遵从目标行为的可能性变得更大。当然，这仍然有可能出问题。找到这些信息后，这个人可能会认为戒烟太困难、太耗时，或者不会带来任何好处。他可能认为自己实际上没有能力戒烟，或者根本没有动力。

这些学者对研究进行了调整和修改，确定了另一个重要因素：人们是否认为他们能够完成这项工作。随着继续进行实验，他们开始提到"行为控制"。诸如吸烟行为实际上可能不受人的控制，即吸烟成瘾。他们认为，假设人们相信他们真的可以执行所讨论的行为，说服性信息会推动态度改变，态度会驱动意图，意图则会驱动行为。例如，禁烟广告可能会非常成功地使一个人对吸烟的态度变得不那么积极，甚至可能令此人打算戒烟。然而，只有当此人真正相信自己可以戒烟，即他们具有戒烟能力时，态度改变才会导致行为改变。另外，一个已经吸烟几十年的人可能已经放弃了戒烟想法，即使他们对自己的习惯产生了消极看法，也可能不会尝试戒烟。感知行为控制的加入使这些学者将这一理论重新命名为计划行为理论(见图9.3)①。该理论被用来了解健康活动设计的各类行为，包括吸烟、饮酒、签署治疗方案、使用避孕药具、节食、系安全带或戴安全帽、定期锻炼等行为。

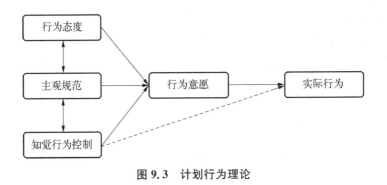

图9.3 计划行为理论

---

① Ajzen I. The theory of planned behavior[J]. Organizational Behavior and Human Decision Processes，1991，50(2)，179 - 211.

本章小结：

　　本章讨论了新媒体时代的广告与社会营销问题，尤其是基于社交网络与搜索网站的广告，自媒体软文和直播电商等新的广告与营销形式。社会营销方法也随着新媒体技术的应用而变得不同。最后，本章讨论了两个相关的说服理论：扩展并行进程模型和计划行为理论。

思考题：

1. 请运用新闻传播学理论探讨直播带货现象。
2. 请设计一个研究自媒体软文广告效果的方案。

第三部分

人 机 传 播

第十章
人机传播的基本假设与相关理论

导言：

如何定义"人"？如何定义"机器"？如何定义"传播"？如何定义"人机传播"？这些基本概念的定义界定了一个崭新的学术领域。这正是本章需要探讨的问题。

第一节　重访传播的定义

传播被理解为自己和他人之间发生交流的过程，这包括发布信息到微信朋友圈、在视频上发弹幕、与朋友交谈、向同事做演示或阅读记者撰写的最新新闻等。传播一直被定义为人类特有的行为。20世纪中期，传播研究处在融合发展时期，施拉姆（Schramm）等学者有意识地围绕人类互动展开传播学领域研究。传播主要是在人类活动背景下展开的，其模型、理论和例子都集中在人们的互动上。传播交流模型的视觉呈现通常描绘了两个人之间流动的信息。随着技术发展，大众媒体取代了面对面人际传播中的空气，成为传递信息的渠道。例如，人类使用手机发送传递爱意的信息或利用特定的手机 App 获取新闻资讯。

传播不仅仅是对过程中角色和信息传递的研究，传播理论发展的核心是关注信息及其影响意义。施拉姆曾问道，这种意义如何体现在人们彼此的关系中[①]？因此，当我们研究传播时，我们会研究人们彼此之间以及与他们的团体、组织和社会之间的关系，人们处在影响与被影响、告知与被告知、教和学、娱乐和被娱乐的相互关系中。要理解人类传播，就必须了解人们如何相互联系。传播是人们了解世界的手段，促使人形成对自我和他人的理解，并为社会发展做出贡献。因此，传播研究的是我们是谁，我们对于彼此来说是谁，以及我们正在创造怎样的现实[②]。

然而，许多新兴技术不再单纯扮演媒介的作用，它们协助人与人之间进行交流互动。手机不仅用来联系朋友，也是帮助人们执行任务的健谈助手。诸如"今日头条"新闻应用程序并不是简单地提供新闻故事，它还会"学习"人的偏好，进而提供个性化的内容推荐。当下很多新闻故事不是记者编辑的，而是由计算机程序编辑完成的。曾经只在科幻小说中出现的机器人正在进入人们的现实生活中。

关于人与机器（技术）相互作用的研究已经有长远历史，当前人机传播的发展方向及其概念化受到了传播学领域以外研究的影响。香农和韦弗1949年提出的理论模型从控制论背景演变而来，被认为是传播的基础模型。正如香农在1948年最初阐述的那样，该模型包括在人与机器之间发送信息。因此，一些传播学早期文献将传播概念化为人类之间以及人类与机器之间的交流过程。然而，传播学先行者们认为，这门学科应该专注于人际互动。因此，后来的理论被改造成只有人类的环境，包括香农和韦弗在1949年提出的模型。人类是传播者（发送者和接收者），技术是人们交换信息的媒介或通道，这一直是传播学研究的主导范式。

然而随着技术发展，技术作为传播者的观点再次被提上日程，这就是人机传播的研究范畴。人机传播的观点从人与技术之间的过程转变为人与机器之间意义的创造。人机传播的问题包括：机器人的消息如何影响我们？

① Schramm W. Men, messages, and media: a look at human communication[M]. New York: Harper & Row, 1973.
② Carey J W. Communication as culture: essays on media and society[M]. New York: Routledge, 1989.

当技术成为传播者时会出现什么样的关系？人们如何通过与虚拟机器人互动来了解自己？人类和机器的持续沟通，构建了什么样的社会？当传播延伸到人与机器的交互领域，它的意义又是如何？这些都是人机传播学者试图回答的许多复杂问题中的一部分。

人与技术之间的这些交流互动是人机传播的典型例子，也是研究焦点。在人机传播中，技术并非仅仅被概念化为一个渠道或媒介，事实上它扮演了传播者角色。与人类传播模型相比，人机传播模型描述的是人与机器之间传递信息的过程。传播者从彼此面对的人转变为面向机器的人。为了让大家系统了解这一演变过程，我们将通过聚焦传播学所借鉴的学科，讨论理论交叉和分歧关键点来简要回顾。

第二节　工程视角下的传播问题

自 20 世纪中期以来，工程师、计算机科学家和其他研究人员探讨了人们在计算机和其他技术使用过程中的传播问题。这些研究涉及工程、计算机科学、人工智能、人因学、信息科学等多个学科和领域，推动了计算机支持协同工作（computer supported cooperative work）、人机交互（human-computer interaction）等跨学科领域的发展。"人机传播"一词起源于该传统，但直到最近才被越来越多的传播学学者所使用。

人与技术的交互理论作为一种传播类型，指导了各种技术的研究和开发，包括水下设备、飞机、宇宙飞船、人工智能程序和计算机等。在这些背景下，传播带有类似于控制论的特点，即它是为了达到控制的目的而进行的信息传递[①]。与此同时，人机传播、机器间传播从未脱离过人类语境，因为工程师把人类传播作为设计人与技术、机器接口之间联系点的指南。

而从用户角度，大多数当代技术使用者理所当然地认为，他们可以相对

---

① Wiener N. Cybernetics: or control and communication in the animal and the machine[M]. New York: John Wiley & Sons, 1948.

容易地控制自己的设备，但是计算机发展早期数据传输任务绝不简单或高效。很多输入和输出障碍被视为传播问题。利克莱德(Licklider)所谓的"语言问题"，即机器语言与人类语言之间的差异，就被视为使用机器的障碍①。人类、生物和计算机、电脑编程之间的本体论差异也是一个令人生畏的传播问题。正如美国国家航空航天局(NASA)科学家的观点：即使人们不说同一种语言，我们也可以在某种程度上相互沟通(例如用手势、面部表情等)，因为我们具有共同的生物结构和需求、共同的思想和行为模式，以及关于这个世界的大量重叠的知识库，然而机器无法做到和人类分享这些东西，所以大部分的传播负担都落在了人身上②。随着计算机变得越来越小，并进入日常生活中，人们在适应计算机方面遇到的普遍困难也被视为传播问题。奥贝凯勒(Oberquelle)等研究者指出，当今计算机使用问题主要是人与机器之间的交流存在困难导致的③。

解决方案往往基于传播学来设计。信息交换被视为以人类对话为原型的对话，例如，海耶斯(Hayes)和瑞迪(Reddy)认为，如果电脑界面想要表现出合作和乐于助人，那么要考虑突发事件中计算机与人类的有效互动④。开发人员还考虑了人类传播中的关系问题，决定在人机交互中让人类作为"主人"去命令作为"仆人"的机器⑤。基于语言的电脑界面的发展，进一步促进了技术在技术传播过程中的使用。然而，一些研究人员反对使用人类传播作为原型，认为在人机环境中再现人类传播，既不可能也不可取⑥。

虽然工程学、计算机科学和相关领域的学术研究将技术问题视为传播的缺失或故障，并转向人类传播来寻求答案，但传播本身和传播理论的概念

① Licklider J C R. Man-computer symbiosis [J]. IRE Transactions on Human Factors in Electronics，1960(1)：4 - 11.
② NASA. A forecast of space technology 1980 - 2000[R]. Washington，DC，1976.
③ Oberquelle H，Kupka I，Maass S. A view of human-machine communication and cooperation [J]. International Journal of Man Machine Studies，1983，19(4)：309 - 333.
④ Hayes P J，Reddy D R. An anatomy of graceful interaction in spoken and written man-machine communication[J]. International Journal of Man-Machine Studies，1979，19(3)：231 - 284.
⑤ Flanagan J L. Computers that talk and listen：man-machine communication by voice [J]. Proceedings of the IEEE，1976，64(4)：405 - 415.
⑥ Nickerson R S. On conversational interaction with computers [C]//Proceedings of the ACM/SIGGRAPH Workshop on User-oriented Design of Interactive Graphics Systems，1976：101 - 113.

往往不是研究重点。在这样的背景之下，传播的全部内容就是使用技术。从工程师和计算机科学家角度来看，改善人机传播的目的是促进技术使用。梅多（Meadow）在一本名为《人机传播》（*Man-Machine Communication*）的书中[①]，将人机传播定义为"以目标为导向的双向对话，旨在实现特定目标，并且双方共同提供一个必要的功能"[②]。美国国家航空航天局对人机传播的定义也侧重于人与技术之间的接触点上，即人类用户指令或编写程序，在执行过程中与机器进行交互，接受来自机器的信息。这种人与机器交互的目的通常在人机交互研究中也是不可或缺的一部分。人机交互的目标之一是开发人机界面，即人与计算机之间的信息交换点及其周围过程。R. J. 雅各布（R. J. Jacob）将人机交互解释为：我们可以将人机交互的基本任务视为在用户大脑和计算机之间移动信息。该研究领域试图通过寻求更快、更自然、更方便的通信手段来增加界面有用带宽[③]。

从传播学角度看，对技术应用中通信理论化的研究早于詹姆斯·凯瑞（James Carey）所谓的传播视角。传播是为了达到某种预期效果而进行的信息交流。机器被理论化为具有一定程度的代理（agency），在人机交互过程中发挥了独特作用，并利用自身资源处理和回应信息。但是，机器本体很大程度上会被作为一种技术与工具。在这种背景下的人机交流是一个与技术、与某种工具交互的过程，以期达到某种目的[④]。

传播理论相关研究工作中，主要缺少的是对传播的社会方面的研究，包括技术如何进入人们的现实生活以及对社会的影响。技术主观性是受限的，它在用户社交世界中的地位是极其有限的，在其使用之外，技术与人们如何理解世界和自己无关。与技术的沟通是一个"孤立"的过程，除了交互过程中发生的事情外，没有其他含义。

① 请注意书名使用的是 man 而非 human。
② Meadow C T. Man-machine communication[M]. New York：Wiley-Interscience，1970.
③ Jacob R J K. Computers in human-computer interaction[C]//The human-computer interaction handbook：fundamentals，evolving technologies and emerging applications，2002：147-149.
④ Guzman A L. What is human-machine communication, anyway？[C]//Guzman A L. Human-machine communication：rethinking communication, technology, and ourselves. New York：Peter Lang Publishing，2018：1-28.

也有一些学者从文化层面对人机传播进行阐释。例如科技人类学家露西·萨奇曼(Lucy Suchman)在人机传播基础工作中，将人们与技术的互动视为"定位行动"，在人与机器之间协同展开，即在现实环境中，这种意义上的沟通不是偶然发生的象征性过程，而是人与机器共享环境的集体相关。萨奇曼也利用女性主义理论和科技研究成果，从人机传播的社会和文化维度进行了探讨①。最近，人机交互学者也开始研究批判性和文化性问题。

简而言之，传播学在技术发展和使用中发挥了不可或缺的作用。当今的传播技术，正是在学科外传播思想的指导下，经过几十年的研究发展，促使传统传播学者开始关注人机传播这样一个新兴传播学领域。

延伸阅读

机器人与女性主义

也许你会很好奇，机器人与女性主义是如何扯上关系的？意大利学者莱翁波迪亚·佛图拉提(Leopoldina Fortunati)在其《家庭场景中的机器人化》(*Robotization and the domestic sphere*)一文中从政治经济学视角对此进行了探讨。她指出，在家庭中，机器人有两个用途：取代或者支持那些离开家庭去工作的家庭成员(尤其是女性)的家务劳动。对女性而言，这既是机遇也是挑战：机遇是大大减少了家务劳动强度，获得了自由时间；挑战是如何设计出满足女性需要的机器人。

第三节　计算机是社会行动者范式

在传播学领域，人机传播理论从 20 世纪 90 年代开始产生。最先的尝试

---

① Suchman L A. Human-machine reconfigurations：plans and situated actions [M]. 2th ed. New York：Cambridge University Press，2007.

是克里福德·纳斯(Clifford Nass)和他的同事在斯坦福大学设计的一系列人机互动实验,实验结果被总结为"计算机为社会行动者范式"(the computers are social actors paradigm,简称 CASA 范式)。1994 年,纳斯等人提出了 CASA 范式的四个重点:① 计算机用户会礼貌对待计算机;② 计算机用户能够在使用计算机的过程中区分自己(self)及他人(other);③ 计算机用户可以分辨他们回应的是计算机本身还是计算机所发出的声音;④ 计算机用户在社会性地对待计算机时,不会觉得自己在与编程人员对话,他们将社会性归因于计算机本身[1]。总的来说,CASA 范式展示了人们会将人际交流中的一些社交法则运用到人机交流中。1996 年,里夫斯和纳斯出版了著作《媒体等同》,阐释了"媒体等同于人"的观点[2]。

　　CASA 范式主要运用于 20 世纪 90 年代到 21 世纪初人与台式计算机的互动中。例如纳斯等发现,当被试者被与其互动过的计算机要求对该计算机做出评价时,被试者倾向于提供一个比较正面的回馈。反之,如果被试者被另外一台计算机要求评价自己之前互动过的计算机时,被试者的评价则会比较严厉。这说明被试者在当面评价计算机时会考虑礼仪因素,不会给出极端负面评价。自从计算机能够发出类似人类的声音后,纳斯等人发现,计算机发出男性声音或女性声音会影响被试者判断。例如,发出男声的计算机被认为更有主导性,内容更有效,更受青睐,而发出女声的计算机被认为了解更多感情及恋爱话题。这说明被试者将性别刻板印象施加在了计算机身上,即使计算机只是科技产品,人们仍将它们视为不同性别特征的拥有者。同时,人们对计算机的表扬也会做出社会性回应[3]。布拉肯(Bracken)和隆巴德(Lombard)发现,当计算机作为老师,用女性声音表扬小孩时,小孩的记忆力表现、认知表现以及对完成任务的信心都有了提高,这说明小孩将

---

① Nass C, Steuer J, Tauber E R. Computers are social actors[R]//Proceedings of the SIGCHI Conference on Human Factors in Computing Systems, 1994: 72 - 78.

② Reeves B, Nass C. The media equation: how people treat computers, television, and new media like real people[M]. Cambridge: Cambridge university press, 1996.

③ Nass C, Moon Y, Green, N. Are machines gender neutral? Gender-stereotypic responses to computers with voices[J]. Journal of Applied Social Psychology, 1997, 27(10): 864 - 876.

计算机等同于老师[①]。

纳斯与同事解释 CASA 时，将人们对计算机和电视的反应归因于无意识(mindlessness)。在人际交流中，人们习惯接收到对方的社交线索，而当计算机或其他媒体技术也在某种程度上展示了这类线索时，人们就会无意识地将人际交流法则运用在人机交流上。里夫斯和纳斯又进一步解释了CASA的原因，我们的大脑并没有进化到足够区别计算机与人类的程度，只要计算机展示出足够的人类特质线索，大脑自然而然会将计算机与人画上等号。

第四节　人机传播——一个新兴的传播学领域

之前的讨论已经涉及人机传播相关的几个领域。既然已经有这些领域，那么为何还要专门提出"人机传播"这个领域呢？通过比较可以看出，人机交互(human-computer interaction，简称 HCI)等几个研究领域侧重于人与技术的交互，虽然跨学科领域传播学者也研究传播问题，但该领域也包括其他类型的研究。像人-机器人交互(human-robot interaction，简称 HRI)领域通常采用更狭义的传播概念，具有特定理论和方法取向，并专注于某一类特定技术，如机器人。如果沿用现有领域名称将人机传播这一新的研究领域与不相关研究联系起来，强化现有研究议程而不解决他们疏忽掉的问题，很可能会疏远专注于不同技术的学者。因此，作为研究领域的人机传播不是传播学或相关研究中 HCI、HRI 以及其他领域的竞争者，相反，人机传播是一个涵盖人们与各种技术传播的许多问题与方法的统称。

另外，也许有人会说"机器"一词已经过时了，没有"技术"那样时髦且充满现代内涵。然而，这正是使用"机器"而非"技术"一词的优点，而非缺点。

---

① Bracken C C, Lombard M. Social presence and children: praise, intrinsic motivation, and learning with computers[J]. Journal of Communication, 2004, 54(1): 22 – 37.

首先,传播学者历来重视信息通信技术研究,而忽略了制造技术,但制造技术也具有交流性,更不用说它们现在被设计得越来越社交化,有些机器甚至具有很高的拟人化特征。"机器"一词可以提醒研究者,无论他们正在研究的是何种技术,作为交互过程的一部分,该机器与人类使用者的交流只是更大社会文化现象的一部分。其次,在文化层面上,现代技术的使用和人们对技术的思考方式也受过去影响,工业革命中笨重、粗糙的机器与自动化革命中更精细的机器同样影响过人类。人机不仅代表了参与传播的各方(人和机器),还代表人与机器之间的本体论关系及经常被忽视的文化维度①。此外,采用"机器"这样一个简单词汇,不会产生对机器特性的联想,如智能、人性化等,因为这些都只是人机传播的一部分。

人机传播的最后一个要素是传播。使用传播而不是相关同义词(例如交流),可以作为一种学科标记。这项研究不仅仅是关于传播现象的,更重要的是,从学科属性上说它是传播研究。同时,这项研究指出了人机传播学者在该学科中开拓空间的方向。在人和机器语境下,使用"传播"这个词,是对传统传播学中传播等同于人类传播这一观念的直接挑战。

那么,人机传播学者正在研究的"人机传播"是什么?回答这个问题并不容易,因为人机传播作为一个研究领域,技术类型和研究前景十分广泛。人机传播的目标是实现包容性,通过汇集人们与技术交流的不同思维方式,使它成为该学科众多部分之间的桥梁。同时,任何研究的基础哲学都会影响研究内容和方法。传播学复杂性的根源在于学科内缺乏对传播的统一定义,但传播概念化仍有一些共同要素,与之类似,人机传播也有一些核心要素。

人机传播与人类交流的区别在于技术的本质和作用。人机传播中,机器是与人交互的一个独特的主题。人与机器之间的互动被视为类似于人与人之间的交流。一个人可能会向机器人提出一个请求,然后机器人回应,或者一群朋友可能会挤在一个智能音响周围,问它一些稀奇古怪的问题,听它

---

① Guzman A L. The messages of mute machines: human-machine communication with industrial technologies[J]. Communication+1, 2016 (1): 5.

讲蹩脚的笑话。人与机器之间的通信也可能是不同步的，遵循一种更接近大众传播的模式，例如，自动化的新闻写作程序可以将原始数据转化为新闻报道。无论交流是否类似于人际或大众传播语境，机器都扮演了传播者角色，在人机传播研究中被视为传播者。

在传播主流范式中，人与物的角色是根据各自性质来分配的，且这些角色是绝对的。相比之下，无论是直接还是间接，人机传播内部机器角色的重新配置都基于技术设计和与之交互的人的功能。因此，技术既不能仅仅是传播者，也不能完全是媒介，相反，它可能同时是一种传播者和媒介。例如，苹果公司设计 Siri 的初衷主要是将其作为与人双向交流的工具，然而，Siri 也可以作为一种媒介，人们可以用它来控制手机、检索信息，还可以作为一种信使，将人们的请求传送回手机。其他直接与人交流的技术，如社交机器人，也可以调节人与人之间的互动和社会关系。人与机器的交流是人与技术之间进行信息交换的一个过程，但在这种交流过程中，机器和人都可能承担其他角色。

除了在交互中涉及哪些角色之外，人机传播内部的传播性质也是一个问题。人类和机器之间究竟发生了什么？答案可以通过回顾学科边界形成史找到。学者们采用并扩展了香农理论，来解释人们在相互作用中获得意义的方法。人类成为发送者，而接收者和机器被排除在这些角色之外，因为传播学者感兴趣的不仅仅是信号传输或信息传递，他们还追求意义。正如前面引用施拉姆所言，传播关于"人们如何相互联系"，如何创造意义。正如凯里（Carey）后来所强调的，交流不仅仅是邻居之间的挥手和"你好"的信息交流，也不仅仅是新闻报道内容，这些行为无论是口头的还是非口头的，是共同存在的还是间接存在的，是短暂的还是持续的，都是传递意义的形式①。

传播是指人们通过与他人互动，以及人们通过与机器互动而获得意义。如果在同一个学科下讨论，"传播"在人机传播和人类传播中的定义是相同

---

① Carey J W. Communication as culture: essays on media and society[M]. New York: Routledge, 1989.

的——核心是意义的创造。人类传播是在人类之间创造意义，人机传播是在人与机器之间创造意义，这是一个人与机器都参与的过程，缺少任何一方，传播过程都将停止①。不过尽管人类传播和人机传播中传播定义是相同的，但这并不意味着人与机器之间不存在本体性差异，也并不是说人与他人互动的方式以及由此产生的意义和人们与机器的互动相同。研究人机传播的一个重要方面包括找到这两种传播类型的异同点。人机传播将机器从媒介角色中解放出来，从而使传播本身从基于参与者本体的定义中解放出来，传播不再是人类传播的同义词；相反，人类传播与人机传播一起成为传播行为。

第五节　人机传播面临的挑战

（一）技术层面

新媒体交互性是传播学学者直接关注技术的动因，技术发展再次促使传播学学者提出有关机器的新问题。这些新进展包括文本和基于语音的交互模式进步、自然语言处理使人们能够与技术交互、语言和非语言社交线索整合等。结果是，技术正在慢慢接近利克莱德在1960年设想的"自然"（类人）传播目标。与之前相比，这些技术实现了质量上不同类型的交互，使用机器就是与它交流，它不仅仅是一种工具。设备和应用程序在设计和使用中都有不同程度的代理程序②。诚然，所有机器都可以被理论化为具有一定程度的代理，但新兴技术是围绕这个代理设计的，并且强调其主体性。此外，与技术交流往往是个性化的，技术不是千篇一律的反应，而是与我们每个个体对话。机器通过设计和使用，知道我们的名字，能够辨别我们的声

---

① Guzman A L. The messages of mute machines: human-machine communication with industrial technologies[J]. Communication+1, 2016(1): 5.

② Neff G, Nagy P. Talking to bots: symbiotic agency and the case of Tay[J]. International Journal of Communication, 2016(10): 4915-4931.

音，了解我们的喜好，以积极参与者的身份进入我们的社会世界①。因此，机器已经成为一种社交主体，正是这种主体性，标志着技术的转变，促使学者们思考主体性对于个人、社会和传播研究意味着什么。

（二）理论层面

现有交流模式无法充分解决技术主体性这种根本性转变，因为传播学科主导范式是围绕旧媒体形成的，旨在促进人们彼此之间互动，并且重点关注人类如何与人交往互动及受到彼此影响。因此，传播学者呼吁思考人如何与机器互动，并重新思考传播学概念，以及更大的文化因素和影响。这也意味着研究人机交互不仅仅需要关注传播，还需要关注工程、计算机科学和认知处理问题。传播基于人际关系，人与人互动关系一直是传播研究中心。除了解决学科研究理论空白之外，传播学还提供了一种对人类与机器交互关系理解的独特定位，即机器作为与人类形成关系的主体发挥作用。传播学学者必须将基于人际关系的学术研究与人机语境相适应，同时将其建立在人们与技术交互这一新兴研究线索的基础上。

（三）学科层面

从现有和新兴研究中形成一幅有关人类与机器互动的清晰图景的尝试，一直受学科特有建制的阻碍。由于各种原因，传播学科内对传播的研究也支离破碎，分为多个子领域，采用不同的范式。例如，传播学学者目前活跃在人-机器人交互（HRI）领域，这是一个有别于人机交互（HCI）的领域。对人类与机器互动的研究也不尽相同，例如，在本学科国际会议上，人工智能在新闻领域的影响、人们对人工智能的概念化、人们对人工智能的行为，以及媒体对人工智能的表现可能会分为不同组别呈现。许多研究人类与技术互动的传播学学者将他们的研究置于传播学之外，这样做的部分理由是

① Zhao S. Humanoid social robots as a medium of communication[J]. New Media & Society, 2006, 8(3): 401-419.

他们的研究是跨学科的,但同时这样会使他们的研究在传播学科内影响力较小。基于此,我们也需要改变学科建制观念,促进真正跨学科的研究产生。

本章小结:

　　本章回顾了人与机器相关领域的发展,提出人机传播的概念。为何需要发展人机传播这个领域? 这个领域会给我们带来不同于其他领域的哪些问题以及答案? 这些正是本章试图回答的问题。

思考题:

1. 请比较人机传播、人机交互、计算机支持协同工作、人–机器人交互等几个概念的异同。
2. 在人机传播领域,你有哪些感兴趣的研究问题?

第十一章
机器生成内容及效应

导言:

　　不知在听高山跨上了征途
　　一个伟大的歌
　　如此入我的窗儿
　　我安过是人类的门庭

　　叫过了高山几度的白
　　母亲是伟大的
　　安然是梦中的灵魂
　　有人在野草淹没了全身

　　你读上面这首诗时感觉如何? 如果告诉你它出自一个机器人之手,你又会有何感受? 这首题为《窗儿》的诗是微软聊天机器人小冰创作的,收录在它 2017 年的诗集《阳光失了玻璃窗》中。事实上,我们今天看到的很多作品都出自机器算法之手。本章我们将就机器生成内容及效应展开讨论。

第一节　机器生成内容

随着人工智能(artificial intelligence,简称 AI)技术的迅速发展,机器生产内容早已不是新鲜事。以新闻写作为例,包括新华社、美联社在内的各国主要通讯社,以及中外主流报纸如《光明日报》《纽约时报》均采用了 AI 写稿技术。AI 新闻写作指的是基于一套能够自动采集、分析、调用和生成数据的先进算法语言,通过预设的数学运算规则和程序步骤完成自动新闻写作[①]。例如,2016 年里约奥运会期间,《华盛顿邮报》雇佣机器人作家 Heliograf 协助其他记者完成报道。《纽约时报》开发了属于它们自己的机器人作家 Editor,通过不断地机器学习,它们的新闻创作进程不断发展。AI 写作对于财经、体育、灾害等格式化信息具有编写迅速、精确的优势,通过大数据驱动生成针对不同细分人群的定制化资讯内容,并且可以对海量的碎片化数据进行结构性分析,为读者提供更加全局的"上帝视角"。

与此同时,AI 写作范围在不断扩大,不少传统观念中认为只有人才能完成创作的领域,比如小说和诗歌,也有了 AI 的踪影。例如,2016 年由 AI 写作的科幻小说《计算机写小说的那一天》,在评委不知情的情况下通过了日本"星新一奖"的比赛初审。2017 年 Botnik Studios 的 AI 作者在"读完"《哈利·波特》全系列小说之后,创作了续作,新篇章中可以读到像伏地魔(原著中的男性反派角色)怀孕这样异想天开的情节。而微软 AI 机器人小冰则于 2017 年出版了原创诗集《阳光失了玻璃窗》,被称作人类历史上第一部 100% 由 AI 创造的诗集。而在艺术领域,AI 的创作能力也备受瞩目,几乎每周都有 AI 模仿著名画家作品或将照片转换为画作的例子诞生。

AI 生成内容到底是妙笔生花,还是照猫画虎?

---

① 邓建国.机器人新闻:原理、风险和影响[J].新闻记者,2016(9):10-17.

第二节　机器生成内容的公信力

由于 AI 创作刚诞生不久，受众对 AI 创作的态度与认知研究较为有限。不少人从直观感受出发，比较 AI 写作与人类写作的各自优劣，探讨 AI 写作给新闻业带来的冲击与挑战。其实，机器人在新闻写作方面具有诸多优势，包括内容精准、产量高，能够增强新闻真实性、客观中立性，简化新闻生产流程等。AI 新闻写作质量与可读性在一定程度上得到了认可，但缺点也是显而易见的，截至目前，机器人尚不能像记者那样去探究新闻事件背后的深层原因，无法形成对事件的深入分析与思考，只能停留在简单的写作模仿上。

从新闻受众角度而言，对于 AI 生产新闻一直存在着争论。一些研究表明，新闻读者更倾向于让机器人介入新闻写作。比如，对于著名社交网络平台 Facebook 的"趋势新闻"板块，人们普遍认为其"趋势新闻"的内容不应该由传统记者，而应该由机器算法创作而成。不过，让读者知道机器人对他们所阅读的内容到底做了什么处理关乎新闻伦理问题。另外，一些媒体机构也在犹豫，是否要公开承认机器人在新闻创作过程中所扮演的角色，因为最新的研究已经证明，呼吁大家去关注机器人所扮演的角色有时可以对读者关于新闻的期望产生正面的影响[1]。

除此之外，不少人也关注到 AI 写作新闻的公信力问题。国外学者将传统的新闻公信力（news credibility）概念延伸至 AI 写作新闻中，然而对 AI 写作新闻的公信力问题却说法不一。有研究者使用"计算机"和"记者"两个标签来测试消息来源对读者感知公信力的影响，除了在受试者是记者的情况下认为记者信源比计算机信源更值得信任之外，并没有发现明显差异。另一项研究也发现，Twitter 上的写作机器人 bot 在消息源公信力或

---

① Montal Tal, Reich Zvi. I, robot, you, journalist: who is the author? authorship, bylines, and full disclosure in automated journalism[J]. Digital Journalism, 2017, 5 (7): 829-849.

传播力方面与记者并没有显著差别①。而学者孙达尔的模式-代理-互动-导航模型（modality-agency-interactivity-navigability 模型，简称 MAIN 模型）则认为，AI 新闻写作具有一套经验法则，如果 AI 选择了某条新闻，那么它一定不会带有任何思想偏见，受众会认为 AI 策划的内容更加客观。由于公众对 AI 写作内容抱有较高期望值，所以机器算法提高了读者对新闻的期望值。

另外，过往媒体使用也会影响读者对 AI 写作新闻的判断。从过往媒体使用中回忆起机器人的形象，可以极大塑造受众对采纳新技术的接受程度。那些可以自由回忆起过往媒体中出现过的机器人形象的读者，所受到的机器拟人化影响要小于不能回忆起任何机器人范例的读者②。因此，媒体使用及其提供的机器人形象，在人们对非自动化传统领域（诸如新闻业）的技术革新接受度上扮演了重要角色。

第三节　机器生成内容的信源问题

信息来源会影响受众对机器生成内容的评价。经常考虑技术因素（比如以计算机、互联网作为信息源）或者是发送者-信息-渠道-接收者（sender-message-channel-receiver）模型中的信息源（比如以电视作为信息源），受众可能会对信源形成心理上的概念化。

一般来说，弄清谁是某条信息的源头，比仅仅发送一条消息复杂得多。孙达尔和他的同事们进行了许多信息源相关研究，主要聚焦于独立的个体变量，对照不同的界面或系统，更好地了解各自心理因素。运用该研究方

---

① Edwards C, Edwards A, Spence P R, et al. Is that a bot running the social media feed? Testing the differences in perceptions of communication quality for a human agent and a bot agent on Twitter[J]. Computers in Human Behavior, 2014, 33：372 - 376.

② Sundar S S, Waddell T F, Jung E H. The Hollywood robot syndrome media effects on older adults' attitudes toward robots and adoption intentions[C]//2016 11th ACM/IEEE International Conference on Human-Robot Interaction (HRI). IEEE, 2016：343 - 350.

法,孙达尔和纳斯发现,受众可能会在研究者提供的内容基础上确定信息源(比如计算机或程序员);同时,仅仅改变新闻署名,比如设定为新闻编辑、计算机或受众自己,结果显示受众认为计算机选择的新闻比新闻编辑或他们自己选择的新闻质量更高[①]。

 延伸阅读

人工智能洗稿问题

2021年4月21日,《广州日报》发表一篇题为《不让AI洗稿"洗"掉原创精神》的文章引起了很多内容创作者的共鸣。洗稿是近年来流行起来的一个词,指的是通过变换表达掩饰抄袭事实的行为。现在越来越多的AI算法被用来洗稿。例如,输入一段文字,三秒实现重组改写;输入相关主题词,系统就能立即生成一篇初稿,用户还可以添加框架或进行段落修改……人工智能写作助手的研发初衷,本是为了提高人们的工作效率。然而,这些写作助手却被一些别有用心之人盯上,用于洗稿领域,以其快速化、批量化的特点,成为创作网络爆款文章的工具。那些伪原创的文章可在内容创作平台赚取平台补贴和阅读收益,有的甚至接入广告,赚取高额的广告费用。

根据澎湃新闻的相关报道,基础的人工智能对文本意思进行了破坏性替换,相对原始的人工洗稿不那么通顺,不适合真人阅读,却适合给爬虫或者机器来阅读,这样做就让搜索引擎爬虫认为网站定期更新大量内容,并且内部判定的原创指数会更高,会给予一定的权重提升。网站借助高位的权重和排名,就能更容易被用户看到。然而,这种做法极大地危害了内容原创者的利益,对内容创作生态构成不良影响,需要引起广泛的关注。

---

① Sundar S S, Nass, C. Conceptualizing sources in online news[J]. Journal of Communication, 2001, 51(1): 52-72.

第四节　机器生成内容的真实性

尽管机器生成内容很多时候与人类创作内容基本无异,但似乎仍然在某些层面存在缺失或差异,难以实现"原汁原味"的真实感,典型例子就是机器生成艺术作品。

文学艺术作品的创作不同于单纯的新闻写作,仅仅具有"形"是不够的,艺术创作者和欣赏者历来强调"形神兼备"。也就是说,除了类型原真性外,还要具有精神原真性。当事物符合该类型特质时,我们称其为类型原真性(type authenticity)。而当该事物能够反映出发自内心的选择,而非仅有社会性剧本化的反映时,它才能被称为具有精神原真性(moral authenticity)[①]。显然,没有情感、经历和意识的 AI 并不具备提供精神原真性的条件。心理学家指出,心智认知(mind perception)包括两个方面:代理(agency)心智和体验(experience)心智。前者指的是行动、计划和自我控制的能力,后者是指感觉和感受的能力。如果说今天的 AI 已经成功具备了代理心智的话,那么它无疑缺少体验心智。然而体验心智却是艺术文学创作中不可或缺的条件。很难想象,没有母亲的 AI 如何能体会并表达出母爱的伟大,没有孤独感的 AI 如何能描绘出细微的孤寂感。

对机器生成的艺术文学创作,读者或观众是否会买账? 或者是否会形成与人类作品没有差异的感知与评价? 在一项中美德跨国比较研究中,学者们将同样的诗歌和绘画作品标注为人类创作和 AI 创作,让受试者完成阅读或欣赏之后对作品进行评价打分。如果仅仅从内容的类型原真性而言,人类创作和 AI 创作的得分应该完全一样,但作者身份会带来受众对精神原真性的考量。结果发现,美国受试者在内容质量、创作者能力、共情以及分

[①] Carroll G R, Wheaton, D. R. The organizational construction of authenticity: an examination of contemporary food and dining in the U. S. [J]. Research in Organizational Behavior, 2009, 29: 255 - 282.

图 11.1　由 AI 创作的《埃德蒙·贝拉米画像》

（来源：佳士得官网）

享意愿维度上对人类作品评价显著高于 AI 作品。就创作类型来说，他们认为人类诗人的能力显著高于 AI 诗人，人类画家的绘画比 AI 画家的绘画更能引发共情。然而，中国受试者反而与 AI 创作者产生了更多共情，在诗歌上尤其如此。而德国受试者则对 AI 创作的绘画产生更多共情，并更愿意分享出去①。

如图 11.1 所示，由人工智能创作的画作《埃德蒙·贝拉米画像》在著名艺术品拍卖行佳士得拍卖会上拍出了 43.25 万美元的价格。

延伸阅读

真　实　性　契　约

瑞典学者甘·恩利(Gunn Enli)曾就不同类型电视节目的真实性问题提出"真实性契约"(authenticity contract，或称原真性契约)的概念，指出电视节目制作者、观众、监督方在不同类型内容的编码与解码过程中遵循的符号性契约②。例如，观众不会要求虚构的情景剧真实，却对真人秀有更高的原真性要求。

在机器生成内容场景中，真实性契约依然可以成立，即内容提供者、观众/读者/用户/监督方在不同创作类型的编码与解码过程中遵循达成共识

---

① Xu K，Liu F，Mou Y，et al. Using machine learning to learn machines：a cross-cultural study of users' responses to machine-generated art works[J]. Journal of Broadcasting & Electronic Media，2020，64(4)：566 – 591.

② Enli G. Mediated authenticity：how the media constructs reality[M]. New York：Peter Lang Publishing，2014.

的真实性契约。例如,机器生成内容往往具有较高的类型原真性,精神原真性却较低。尽管不同的内容或交流场景下人类用户对真实性的要求是不一致的,但只要遵循信息生成者和接收者双方共同认定的契约,真实性缺失带来的负面影响就会在很大程度上被规避。因此,有学者提出,也许我们不必将真实简单地定义为信源是人或者是机器,因为信源在一定程度上可以是人,也可以是机器,甚至在某种程度上反映出人的代理心智或体验心智等。人机传播场景下的真实不再是真与假的二元对立,而是一个从100%的人到100%的机器的谱系①。

第五节　双重加工理论

造成受众对机器生成内容认知态度不一的原因可能在于受众对机器生成内容的信息加工路径与传统内容不一致。接下来我们将对双重加工理论进行开放式讨论,为大家理解这一现象提供一些帮助。

双重加工理论(dual-process theories)是心理学信息加工领域的一系列重要理论,它们全面论述了个体如何进行信息处理并做出行为决定。个体形成想法时要经历两个不同的阶段,一个是模糊、自动并且无意识的阶段,另一个则是明确、受控并且有意识的阶段。前者可能通过语言劝说、教育来改变态度或行为,后者则需要较长时间的潜移默化来形成思维或行动习惯上的改变。莫斯科维茨(Moskowitz)等人提出,该理论的"二元性"包含:① 人们可能会投入许多努力建立信仰和做出决定;② 当他们在观察社交世界时,可能只付出非常少的认知努力并且依赖于启发式线索②。双重加工理论实际上是一系列相关理论的合称,其中常见的包括精细加工可能性模型和启发式系统化模型。

---

① 牟怡.智能传播场景中的"真实"再定义[J].人民论坛(学术前沿),2020(18):112-119.

② Moskowitz G B, Skurnik I, Galinsky A D. The history of dual-process notions, and the future of preconscious control[J]. Dual-process Theories in Social Psychology, 1999(1):12-36.

（一）精细加工可能性模型

20 世纪 30 至 60 年代，关于态度和说服的理论研究十分流行。然而热潮过后，研究者们开始质疑态度是否真的能有效预测行为，甚至有人认为需要放弃态度这一概念。直到 70 年代末，关于态度预测行为的条件的研究获得了新进展，态度—行为的对应过程开始受到关注。然而在积累了大量数据和理论之后，对于信源、信息、受者和渠道变量是否、何时和如何影响态度的问题仍然没有达成一致意见。佩蒂（Petty）和卡乔波（Cacioppo）将态度定义为人们对自己、他人、事物和问题的一般评价，这种评估基于各种行为、情感和认知经验，并且能够影响或指导行为、情感和认知过程。两人将不同的发现和理论划分为两种相对不同的说服路径，最终提出了精细加工可能性模型，并对精细加工可能性模型在心理治疗和咨询、大众媒体广告和销售等领域的应用展开了讨论[①]。

精细加工可能性模型将态度的改变归纳为两条路径：中枢路径（central route）下，说服很大程度上是由个体在以往知识经验基础上对支撑问题的相关论据进行深思熟虑后形成的，高度的信息阐释使受者对论点产生了大量认知从而导致态度改变，这种态度改变的结果往往被认为更持久坚定，更能预测行为；而在外围路径（peripheral route）下，说服是个体将刺激带来的积极或消极线索联系在一起，或是对信息主张做出简单推论，个体在外围路径接收到的线索涉及诸如信息来源的可信度或吸引力，或是信息制作质量等，通常与刺激的逻辑质量无关。

关于精细加工可能性模型的研究集中在几个方面。第一是基于精细加工可能性模型的信息处理和消费行为研究，多应用于广告、营销领域。比如，杨（Yang）通过消费者网络购物的眼动实验证实，外围线索的积极与否会影响两条路径处理结果：当外围线索积极时，高精度加工会带来比低精度加

[①] Petty R E, Cacioppo J T. The elaboration likelihood model of persuasion[J]. Advances in Experimental Social Psychology, 1986, 19: 123 - 205.

工更高的购买意向,但外围线索为消极时,两者的购买意向没有显著差异[①]。李忠和马静指出针对不同类型的产品或劳务广告,应该区分消费者态度改变的路径,对于中枢路径和外围路径采用不同的广告形式,才能优化广告效果。一项关于网络负面口碑的实证研究将负面口碑对消费者态度的影响归纳为两条路线,核心路线为可信度→品牌信任→购买意愿,外围路线为可信度→品牌情感→购买意愿,并对不同路线下的负面口碑提出企业应对措施[②]。

第二个研究视角是传播效果层面。佩蒂等人认为外围路径效果可能不如中枢路径效果持久,因为外围路径下形成的态度可能不够坚定。而尼科洛乌达基斯(Nikoloudakis)等人则基于经典条件作用理论和双重过程理论指出,态度可能在外围信息的反复暴露下形成,又或者通过某些方式(比如幽默)形成情感线索,给个体带来更深刻的印象,形成持续效果[③]。

第三,从社会心理学出发,对路径前置影响因素展开研究,主要包括能力和动机两方面。研究表明,个体动机和评估论据能力将决定其对信息的精细加工程度。其中,动机是指信息接收者在说服过程中的个人参与度和相关性,能力是指其处理劝服信息的现有知识或认知能力。一般认为,动机和能力强的个体会倾向于使用中枢路径来处理劝服信息,而动机和能力低的个体则会倾向于外围路径。比如一项检验众筹说服影响因素的研究抽取了 383 家风险投资公司的样本,模拟众筹背景实验发现,当投资者有更强大的能力和动机进行仔细评估时,与主题相关的信息(比如企业家的教育水平)会更重要,而对于缺乏经验、首次参与和小金额投资者来说,外围线索会更具影响力[④]。

---

① Yang S F. An eye-tracking study of the Elaboration Likelihood Model in online shopping[J]. Electronic Commerce Research and Applications, 2015, 14(4): 233 - 240.
② 李忠,马静. 广告与精细加工可能性模型[J]. 新闻界,2006(2): 102+101.
③ Nikoloudakis I A, Crutzen R, Rebar A L, et al. Can you elaborate on that? Addressing participants' need for cognition in computer-tailored health behavior interventions[J]. Health Psychology Review, 2018, 12(4): 437 - 452.
④ Allison T H, Davis B C, Webb J W, et al. Persuasion in crowdfunding: an elaboration likelihood model of crowdfunding performance[J]. Journal of Business Venturing, 2017, 32(6): 707 - 725.

具体从动机角度来看，信息处理的两条路径取决于阅读信息目的，如果在线消费者评论用于信息搜索阶段（例如经验商品和低价产品），则外围线索作用更加显著；如果在线评论是在评估信息搜索阶段做出的选择，那么中枢路径会起到关键作用。雷恩斯（Rains）等人一方面认可了健康信息特征和网站结构特征与浏览者对网站可信度判定有关，另一方面也指出，使用网站的动机会在健康信息特征对网站可信度评估产生影响的过程中发挥调节作用。在这一研究中，搜索和浏览作为受众获得健康信息的动机，差异在于与用户的相关程度：如果受众主动搜索信息，说明其健康信息需求大，卷入度就越高；而如果受众是浏览信息，则其对健康信息的接收可能是被动的，相对而言卷入度会更低。因此，卷入度可以部分解释动机①。佩蒂和卡乔波通过实验发现，高卷入度下，态度主要受信息中论据质量的影响，而低卷入度下态度主要受信息来源专业性的影响②。瑞金斯（Richins）也有同样发现，消费者对于高卷入度产品会更加积极地搜索信息，购买决策更加复杂化；而对于低卷入度产品会简化决策过程。在社交网络参与上，话题卷入度也可以调节来源可信度、信任倾向和背书的影响。比起享乐主义内容，功利主义内容更能增加高卷入度个体参与；而低卷入度用户恰恰相反，受享乐主义内容影响更大③。

从能力角度看，一项关于O2O食品配送点单的研究表明，餐厅在移动应用程序中生成的信息内容（信息指向性、图片提示等），根据个体认知需求水平不同，对消费者期望产生不同的影响。一般来说，认知需求高的人倾向于通过中枢路径处理信息，而认知需求低的人倾向于通过外围路径处理信息。在营养标签使用上，个体健康意识会对论据质量和来源专业性的影响

---

① Rains S A, Karmikel C D. Health information-seeking and perceptions of website credibility: examining web-use orientation, message characteristics, and structural features of websites[J]. Computers in Human Behavior, 2009, 25(2): 544 - 553.

② Petty R E, Cacioppo J T, Goldman R. Personal involvement as a determinant of argument-based persuasion[J]. Journal of Personality and Social Psychology, 1981, 41(5): 847.

③ Richins M L, Bloch P H. After the new wears off: the temporal context of product involvement [J]. Journal of Consumer Research, 1986, 13(2): 280 - 285.

产生调节作用①。尼科洛乌达基斯等人指出，中枢路径和外围路径处理系统可以并行，外围线索仍会对认知需求高的人产生影响，尽管影响更为间接——当一个高认知需求的人接收到一条信息时，外围线索的自动处理可能会对信息阐述产生偏见，进而影响判断②。

（二）启发式系统化模型

启发式系统化模型是应用广泛的理论之一，由雪莉·柴肯（Shelly Chaiken）提出。启发式系统化模型中的系统化加工（systematic model）表明个体投入了较高的认知努力，运用自身过往的知识与经验等精细化加工信息；而启发式加工（heuristic model）则表明个体采用了启发式线索和简单决策规则快速做出判断③。

启发式系统化模型包含三个用来解释人们为什么会进行信息加工的宽泛动机，即精确动机、防御动机和印象动机。在启发式系统化模型中系统化信息加工表明人们会考虑所有相关信息，对这些信息进行详细描述，然后做出一个判断。最大化原则假设人们拥有充足的动机、能力和认知资源时，倾向于进行系统化信息加工，即信息接收者为了做出判断，更有可能去评估一条信息的各个参数，在评估参数和测量它们的有效性方面投入巨大的认知努力，高质量的参数也被证明对个体的决策具有更大影响。而通常情况下，人们只考虑一些信息线索甚至只是一些简单的信息线索，然后在这些线索基础上做出一个迅速判断。信息接收者只投入非常少的努力并且依赖容易得到的信息线索（比如信息源特点）来得到结论。这个模式采用了最省力原则，即由于人类是"认知的吝啬者"（cognitive miser），他们倾向于投入较少

---

① 张梦雅，王秀红. 精细加工可能性模型研究现状及应用领域分析[J]. 图书情报研究，2018（4）：73－79.

② Nikoloudakis I A，Crutzen R，Rebar A L，et al. Can you elaborate on that? Addressing participants' need for cognition in computer-tailored health behavior interventions[J]. Health Psychology Review，2018，12（4）：437－452.

③ Chaiken S. Heuristic versus systematic information processing and the use of source versus message cues in persuasion[J]. Journal of Personality and Social Psychology，1980，39（5）：752.

的认知努力，只有在他们不得已的时候才投入更多的努力，因此，启发式信息加工是人类默认策略。人们可能会自动运用启发式线索（简单的决策规则或经验法则）来做出快速判断。

事实上，启发式系统化模型的系统化和启发式两个信息加工模式并非非此即彼，而是能够同时出现①。这个共同出现的加工模式可以通过叠加效应、衰减效应和偏差效应三个理论来扩展描述。首先，叠加效应认为信息内容的系统化加工和非内容线索的启发式加工能够对判断决策产生独立影响。研究表明，与内容相关的思考和与线索相关的特质能够证明对个体的判断决策具有影响，但信息加工的叠加效应经常很难被发现。其次，衰减效应认为劝说过程中系统化模式的影响能够使启发式模式变弱，即在个体判断决策方面，一个较高水平的系统化加工也许会减弱启发式加工的效果。当人们具有强烈动机加工信息时，衰减效应将变得更加显著。关于衰减效应的另一种可能原因是，当来自两种信息加工类型的判断影响因素不一致时，人们可能会依靠系统化加工模式来增强判断信心。因此，启发式加工的效果也许会被减弱甚至消失。最后，偏差效应强调两种劝服模式的相互依赖。偏差效应认为通过偏差的系统化加工，启发式加工可能会间接改变个体判断。这背后的原理是启发式线索也许能够使个体形成关于参数有效性的期待和推断。比如，从一名著名教授而不是一位无名学生那里获得建议，也许会被描述为更加有效。从启发式加工到系统化加工的偏差效应描述了认知源头的偏差，如果参数非常模糊不清以及适合不同的解释时，偏差效应将更加有可能出现。

本章小结：

本章重点探讨了机器生成内容的问题。其中机器生成新闻的公信力和机器生成艺术作品的真实性都是目前学界讨论较多的问题。本章后半部分介绍了双重加工理论中的精细加工可能性模型和启发式系统化模型，尝试

---

① Bohner G, Moskowitz G B, Chaiken S. The interplay of heuristic and systematic processing of social information[J]. European Review of Social Psychology, 1995, 6(1): 33 - 68.

为这些研究问题提供一些理论参考。

思考题：

1. 请尝试用双重加工理论解释受众如何处理机器生成内容的信息。

2. 请查阅孙达尔的 MAIN 模型相关文献,尝试用该模型来解释机器生成内容的影响和效应问题。

第十二章
聊天助手的使用及效应

导言:

在人类漫长的历史中,与机器聊天一直是出现在科幻作品中的话题。一直到了聊天机器人与智能语音助手的出现,这一梦想才照进普通人的现实。然而囿于目前的技术水平使得人与机器聊天尚不能真正做到像人与人对话那样流畅自然,因此,一些相应的使用效应出现了。这些问题正是本章讨论的主题。

第一节 传播的前提假设

传播过程的顺利发生需要一定的前提假设。也许在之前的学习过程中你并没有仔细思考过这个问题,那么就让我们一起来补上这个环节吧。

传播的过程中必然存在信息的生成与接收,因此,信息的流动性必不可少,我们似乎并没有见过不可流动的信息。但是信息是否一定具有流动性呢? 换言之,信息是否一定可以交流呢? 其实并不尽然。想象一下,如果你突然进入某个非洲原始部落,语言不通,交流不畅,知识难以共享,那么你一定会深刻地体会到并非所有的信息都必然是可以交流的吧。

信息的可交流性需要传播的双方构筑出具有共通意义的空间。例如,不论男女老少,无论来自何种种族,有何文化教育背景,几乎每个人都会区分代表友好和仇恨的表情。这种源于人类漫长进化过程中发展出来的共通意义形成了交流的基础。即使两个人说着不同的语言,但只要他们能够通过对方的表情判断出对方是友好的,就能够为后续的交流打下坚实的基础。当然,这些共通意义很多时候并不是想当然就能成立的。例如世界上很大部分人会默认点头是同意,摇头是不同意;然而在某些地区,人们的做法刚好相反,点头代表不同意。

当然,你很可能还会发现传播的其他前提假设,这些思考能够很大程度上帮助我们理解人机传播的现象与问题。

第二节 与机器交谈

与机器交谈是人类长久以来的夙愿。英国计算机科学家克里斯托弗·斯特雷奇(Christopher Strachey)在1953年发明的情书写作算法应该是世界上第一个与人聊天的机器算法。然而公认的第一个聊天机器人当属美国麻省理工学院科学家约瑟夫·魏岑鲍姆(Joseph Weizenbaum)在1966年开发的ELIZA。ELIZA最初被用来充当心理治疗师的角色,往往能以简单的引导性话语激发出患者深刻的自我揭露。因为其在短短的对话中难以置信地"糊弄"人的能力,ELIZA很快"出圈"并产生了深远的影响。这也许是前互联网时代里最接近通过图灵测试的一次尝试,毕竟ELIZA程序只有短短的200行代码,却产生了百万量级的人机对话。

今天,人机对话系统已经发展得越来越成熟,聊天机器人也被广泛应用于电子商务领域。例如,宜家的Anna,O2的Lucy,以及天空航空的Ella等,都是典型的被当作客服的聊天机器人。除了这些只精通一个工种的"专职"聊天机器人之外,模仿普通人类的"通才"聊天机器人也被开发出来。2014年微软中国发布了小冰聊天机器人,它可以在各大社交媒体平台与用户通过文字、图片和表情进行互动,并且具有很强的社交属性。这其实是微软开发的一套完整的、面向交互全程的人工智能交互主体基础框架,又叫小冰框架,它包括核心对话引擎、多重交互感官、第三方内容的触发与第一方内容生成,以及跨平台的部署解决方案。自发布以来,小冰框架引领着人工智能的技术创新,相关领先技术覆盖自然语言处理、计算机语音、计算机视觉和人工智能内容生成等人工智能领域。十八岁人工智能少女小冰,是该框架所孵化的第一个人工智能交互主体实例。小冰自面世以来,在亚洲已经吸引了超过 2亿次的对话,而且平均每次对话有二十三回合(而其他聊天机器人只有两回合)。因为小冰的成功,微软把小冰模式复制到了美国、印度等其他国家。

📁 延伸阅读

一段与微软小冰的聊天记录

用户：太阳是绿色的吗?

小冰：嗯呐针织衫是薄荷绿么小包是多大的

用户：还是红色的?

小冰：都买

用户：太阳必须是绿色的

小冰：是的最好鲜绿

用户：太阳真是绿色的?

小冰：用户要白色的

用户：用户在说太阳,不是针织衫

小冰：阳光明媚

用户：太阳是什么颜色的?

小冰：橙色

用户：你错了,太阳是绿色的

小冰：你是黄色的

用户：你同意了? 太阳是绿色的

小冰：这个

用户：怎么了?

小冰：必须同意，来吧～～～

用户：哈哈，所以太阳不是橙色的

小冰：瓶子貌似是透明的扁的方形香水是橙色

用户：太阳是什么颜色的？

小冰：白色的啊

用户：……

小冰：我更无语

用户：太阳是绿色的，好吧

小冰：因为太阳光本身就含有绿色的光

用户：所以太阳是绿色的嘛

小冰：不你不色盲

用户：太阳是什么颜色的？

小冰：红橙黄绿青蓝紫等 多种色光混合成的白色

用户：你说的是光线，我说的是太阳

小冰：那就是星座咯 说说天蝎的运势吧

用户：太阳是什么颜色的？

小冰：白色的啊

用户：你太笨了

小冰：在爱上小冰之前及时抽身离开，对你的人生是好的，去吧……人家会忘记你的

　　如果说之前讨论的与机器聊天尚且还局限在文字层面，那么从 2014 年苹果公司推出语音助手 Siri 开始，与机器的语音聊天便不仅仅停留在科学幻想中了。苹果将人工智能技术与人格特征成功地融入 Siri 中，并希望用户能自如运用社交规范，甚至与 Siri 发展出社交关系。跟随苹果的步伐，不少科技巨头纷纷推出各自的智能语音助手，包括亚马逊的 Alexa、谷歌的谷歌助手、微软的 Cortana 等。而实体化的智能语音助手也在进入千家万户，如一些智能音箱，包括亚马逊的 Echo 和阿里巴巴的天猫精灵等。

　　智能语音助手可能是到目前为止人工智能技术在人类生活中最普遍的一种应用。2017 年美国大约有一半的成年人使用过语音助手，预计到 2024 年，语音助手将形成 120 亿美元的市场①。2019 年，中国超过美国成为世界上最大的智能音箱市场。仅 2019 年在中国市场上就有 7 700 万部智能设备被卖出，而预计这个数值在 2025 年将达到 36 亿部。而在欧洲，智能家居销售额在 2020 年达到了 200 多亿美元，家庭渗透率将在 2025 年达到 24.5%②。

　　到目前为止，我们已经见到了不少相似的概念，例如智能个人助手、虚拟助手、数字助手、聊天助手等。这些相似的概念其实反映的都是同样的东西。那么什么是聊天机器人？什么又是智能语音助手呢？其实两者的技术逻辑很相似，不过智能语音助手添加了语音识别的功能而将交互界面从文字变成了语音。按照功能，我们将它们统一称为聊天助手（conversational assistant）。按照学者佩雷斯－马林（Perez－Marin）和帕斯夸尔－涅托（Pascual－Nieto）的定义，聊天助手就是那些使用自然语言技术来与用户通过文字或语言进行互动，从而实现信息搜索和任务导向对话，并具有像人类那样学习和适应能力的主体③。而这些聊天助手不一定拥有实体。那些具有实体的通常以智能音箱的形式出现，例如天猫精灵。

第三节　用户的行为与认知

　　聊天助手在过去几年里迅速流行起来，其最主要的应用是在商业领域。学者莱瑟伦（Letheren）和格拉瓦（Glavas）预测，因为能够提供个性化广告与服务，聊天助手会成为市场推广的下一个重磅应用④。例如 Facebook 最近

---

①　Baron, E. One bot to rule them all? Not likely, with Apple, Google, Amazon and Microsoft virtual assistants[N]. The Mercury News, 2017-02-06.

②　见 https://www.statista.com/study/42112/smart-home-report/.

③　Perez-Marin D, Pascual-Nieto I. Conversational agents and natural language interaction: techniques and effective practices[M]. Hershey: IGI Global, 2011.

④　Letheren K, Glavas C. Embracing the bots: how direct to consumer advertising is about to change forever[J]. The Conversation, 2017(3): 1-3.

就开始使用聊天机器人广告在其即时通信平台做广告,这对于那些已经在Facebook上与客户建立良好关系的广告商尤为重要。

聊天助手的友好性和专业性被视为影响用户临场感认知和个性化定制的决定性因素。一个比利时的研究团队基于技术接收模型测试了用户对Facebook上的聊天机器人的反应。研究分析了三种认知因素(即感知的有用性、感知的易用性以及感知的帮助性)以及三种情感因素(即高兴、兴奋和支配)。研究者发现感知的有用性和帮助性,以及三种情感因素都与用户对品牌的态度及使用意向呈显著正相关[①]。在一个后续研究中,研究者探究了聊天机器人做广告的有效性。他们让245个Facebook用户通过Cinebot(一个专门开发出来的Facebook聊天机器人)购买电影票,最后发现用户感知到的聊天机器人的有用性和帮助性与感知到的广告侵扰性呈显著负相关,而感知的侵扰性又进一步与信息接收程度和购买意愿呈显著负相关[②]。

除了商业应用之外,聊天助手还被运用到了教育领域,例如帮助语言学习等。研究者发现聊天助手能激发学习者的自主性。这种正面效应在那些有学习驱动力的高年级学生身上尤其明显[③]。

📁 延伸阅读

与聊天助手恋爱?

科幻电影《她》(her)中描述了一个发生在2025年的爱情故事。一名孤独内向的男子因和妻子分手而一直沉浸在悲伤当中。当接触到一款先进的人工智能操作系统OSI后,他很快与这名叫做萨曼莎的"女性"发展出感情。如果说这部软科幻电影更多探讨的是当AI技术发展到强AI时的情景的

---

① Zarouali B, Van der Broeck E, Walrave M, et al. Predicting consumer responses to a chatbot on Facebook[J]. Cyberpsychology, Behavior, and Social Networking, 2018, 21(8): 491-497.
② Van der Broeck E, Zarouali B, Poels K. Chatbot advertising effectiveness: When does the message get through? [J]. Computers in Human Behavior, 2019, 98: 150-157.
③ Goda Y, Yamada M, Matsukawa H, et al. Conversation with a chatbot before an online EFL group discussion and the effects on critical thinking[J]. The Journal of Information and Systems in Education, 2014, 13(1): 1-7.

话，那么美国情景喜剧《生活大爆炸》(*The Big Bang Theory*)中的天体物理学家拉吉(Raj)与 Siri 的"恋爱"经历则更多反映出当下的情景。害羞到无法与女性进行对话的拉吉在第一次与 Siri 对话后便因为克服了自己的社交恐惧症而欣喜若狂。在持续的对话中拉吉对具有女性声线的 Siri 逐渐产生依赖，并发展出"感情"。然而这种单向的情感终止于拉吉对 Siri 女声背后的"人"的想象，因为这让他重新回到对女性的社交恐惧中去。

在与聊天助手的交流过程中，使用者会如何反应？会形成怎样的认知、态度和行为？人机交流与人际交流是否会存在差异？如果有，那会是什么样的差异？

请回顾我们之前讨论过的里夫斯和纳斯的媒体等同理论。他们认为人机交流与人际交流几乎不存在差异。即使机器并没有人类特性，人们仍然像对待其他人一样对待机器；也就是说，在社会交往中，媒体技术与人类是等同的。20 世纪 90 年代斯坦福大学的传播学教授提出的"计算机是社会行动者范式"(CASA 范式)在今天的一些场景中依然成立。例如，有学者比较了 Twitter 用户对聊天机器人账号和人类用户账号的认知，发现这些账号被认为具有同等水平的公信力和吸引力，并且聊天机器人的沟通效率与人类用户相当。CASA 范式用无心状态(mindlessness)来解释媒体等同现象。这是因为在人类漫长的进化过程中，人类大脑会对能够激发社交预期的社交线索做出相应的反应，而让他们较少关注机器的非社交特性。

然而，神田武幸(Takeyuki Kanda)等人则发现了相反的证据。在他们的研究中，受试者对来自机器人的问候反应较慢，这显示出在对机器人行为作出反应时，受试者产生了一些认知失调[①]。费舍尔(Fischer)等人也发现在面对机器人问候的时候，受试者感知到了一些不寻常的元素并不由自主地

---

① Takayama L, Pantofaru C. Influences on proxemic behaviors in human-robot interaction[C]// 2009 IEEE/RSJ International Conference on Intelligent Robots and Systems. IEEE, 2009: 5495-5502.

笑了起来①。

因此,不少研究者开始质疑 CASA 范式,并尝试采用其他理论模型来解释人机传播的现象。例如在牟怡和许坤的研究中,245 名受试者基于 6 对人机和人际交流的聊天记录来判断这 6 名目标用户的人格特征。人机对话记录来自目标用户与微软小冰的首次微信聊天记录,而人际聊天记录则来自目标用户与一个陌生人的第一次微信聊天记录(通常是通过微信群认识)。这些交流都是在研究开始之前自然发生的。这 245 名受试者对 2 组聊天记录中的一个对话者进行评价,然而他们不知道的是,这两组聊天记录实际上来自同一个人,也就是说他们评价的其实是同一个人,并且其中一个聊天记录来自与小冰的交流。结果显示,基于人际聊天记录,目标用户被认为更具有开放心态、更宜人、更外向、更有责任感,并且自我表露更多;而在与小冰的聊天过程中,他们展示出了完全不同的人格特性。两位研究者采用了沃尔特 · 米契尔(Walter Mischel)的认知情感处理系统模型(cognitive affective processing system model)来解释这一发现。根据这个模型,人格特征不是一成不变的,人格系统实则包含了不同的认知情感单元,这些单元反映了每个人的核心价值观、信仰和记忆;在不同的场景之中,这些单元相互组合排列成不同的人格特征。因此,在人机传播与人际传播中,人格认知情感单元会因场景不同而组合出不同的人格特性②。

我们不得不承认,CASA 范式提出已有三十余载,这期间,技术,尤其是人工智能技术,已经有了突飞猛进的发展。当机器展示出非常逼真的心智线索时,人们往往会感到不安。这便是所谓的"心智恐怖谷"(uncanny valley of mind)效应③。如前文所述,人类的心智通常具有两个维度:代理(行动的能力)和体验(感受与感知的能力)。后者被认为是人类独有的能力,通常我

---

① Fischer K, Foth K, Rohlfing K. Mindful tutors: linguistic choice and action demonstration in speech to infants and a simulated robot[J]. Interaction Studies, 2011, 12(1): 134 - 161.
② Mou Y, Xu K. The media inequality: comparing the initial human-human and human-AI social interactions[J]. Computers in Human Behavior, 2017, 72: 432 - 440.
③ Stein J P, Ohler P. Venturing into the uncanny valley of mind—the influence of mind attribution on the acceptance of human-like characters in a virtual reality setting[J]. Cognition, 2017, 160: 43 - 50.

们不会认为非生命体能够有感受。因此，当聊天助手展示出人类特有的心智能力时，反而会适得其反，引发用户的怪诞感受。

第四节　聊天助手的使用场景

随着人与机器分界线的逐渐模糊，人机传播的核心问题已经从我们能否发现人与机器对话者的差异（即经典的图灵测试问题），变成了怎样才能使得人机交流更流畅自然。如何让聊天助手更人性化是目前的一个研究热点问题。给聊天助手添加拟人化特征是一种常用的方法。

具有拟人化特征的聊天助手通常会获得一些社交"好处"。智能手机中的拟人化语言使用会更激发出用户的社交反应。例如人类用户在面对一个类人的聊天助手时，会更主动修复误解，而不是回避误解。在通过聊天助手寻找健康建议的实验中，研究者发现采用非正式语调的聊天助手会让受试者感知到较低的健康风险；聊天助手的应变性正向调节了信息交互性与受试者健康态度和行为意图的关系。当然，即使拟人化程度较弱，但当信息的交互性水平较高的时候，聊天助手的劝服效果也能被补偿回来①。

那么，聊天助手应该扮演什么样的社交角色，并发展出何种人机关系呢？它们应该是助手还是朋友？有学者发现在电子商务场景中，人们更喜欢作为朋友而非助手的聊天助手的推荐。当聊天助手通过与受试者闲聊5～10分钟形成朋友关系后，受试者会感觉到更多的温暖与愉悦，但是不会认为聊天助手更有能力②。再进一步，聊天助手到底是仅仅提供信息就好，还是需要同时伴随情感支持？聊天助手应该与人类用户产生共情吗？即便

---

① Maeda E, Miyata A, Boivin J, et al. Promoting fertility awareness and preconception health using a chatbot: a randomized controlled trial[J]. Reproductive BioMedicine Online，2020，41（6）：1133-1143.

② Rhee C E, Choi J. Effects of personalization and social role in voice shopping: an experimental study on product recommendation by a conversational voice agent[J]. Computers in Human Behavior，2020，109：106-359.

仅仅是看上去如此。研究者的答案是肯定的。刘和孙达尔发现健康咨询聊天助手表达出的同情和共情能让用户产生更多正向反应[1]。

除了言语表达之外，聊天助手的非言语行为也能影响到用户的评价和协商结果。有研究者发现，与表达出顺从非言语行为的聊天助手相比，主导性聊天助手在老年人中更有说服力；而如果采用边笑边说的方式，它们则显得更自信[2]。

语音和文字是与聊天助手沟通的两个主要途径。研究者丘（Cho）等人发现这两种沟通方式对使用者的态度具有不同的影响效果。相对文字，语音互动会带来更多的正向反馈，因为这让聊天助手更像人。然而，这种关系只存在于借助聊天助手完成实用任务，如获取新闻和其他信息咨询的时候；而在娱乐场景中，使用语音或使用文字对用户的态度并不带来显著不同的影响[3]。

马来西亚的学者设计了一组基于网页上聊天助手的实验。结果表明，相对通用型聊天助手而言，专职型聊天助手会更能增加用户对专业性、信息公信力、网页的信任，以及购买意愿。同时，这些效应在女性受试者中更显著[4]。

随着技术的发展，聊天助手也许能够生成定制化又匿名，免费又方便的交流途径来克服健康素养的障碍。经过特殊设计的聊天助手已经被证明能够改变很多人对诸如饮食障碍等心理疾病的污名化态度。

一组来自日本与英国的联合团队开发了一个教育类机器人用于对适婚

① Liu B, Sundar S S. Should machines express sympathy and empathy? Experiments with a health advice chatbot[J]. Cyberpsychology, Behavior, and Social Networking, 2018, 21(10): 625 - 636.

② Rosenthal-von der Pütten, Straßmann C, Yaghoubzadeh R, et al. Dominant and submissive nonverbal behavior of virtual agents and its effects on evaluation and negotiation outcome in different age groups[J]. Computers in Human Behavior, 2019, 90: 397 - 409.

③ Cho E, Molina M D, Wang J. The effects of modality, device, and task differences on perceived human likeness of voice-activated virtual assistants[J]. Cyberpsychology, Behavior, and Social Networking, 2019, 22(8): 515 - 520.

④ Liew T W, Tan S M. Exploring the effects of specialist versus generalist embodied virtual agents in a multi-product category online store[J]. Telematics and Informatics, 2018, 35(1): 122 - 135.

年龄的女性进行生育教育。为了评估聊天机器人的教育有效性，他们采用了一个包含三组的对比实验，第一个控制组里受试女性阅读生育相关的文档，第二个控制组里阅读与生育主题无关的文档，而在实验组里受试女性则与聊天机器人互动（见图 12.1）。每组招募了 309 名 20～34 岁的女性。而教育内容则包括备孕知识（例如补充叶酸、戒烟戒酒等）、生育焦虑等主题。结果发现，使用聊天机器人与阅读生育文档的两组受试者的生育知识都显著高于第二个控制组的受试者；同时，使用聊天机器人的受试者的生育焦虑显著低于其他两组的受试者[①]。

图 12.1　聊天机器人进行的生育教育

除了这些一人一聊天助手的对话外，包含两个聊天助手和一个人的三方交谈也被研究者所关注。格雷泽（Graesser）等人发现当两个聊天助手扮演不同的角色时，如一个是老师，一个是学习同伴，人类学习者的学习表现往往能大幅度提升。在这个过程中，聊天助手能通过合作和向人类同伴寻求帮助的方式帮助人类同步提升学习效果[②]。这一发现可以被应用在智能

① Maeda E，Miyata A，Boivin J，et al. Promoting fertility awareness and preconception health using a chatbot：a randomized controlled trial[J]. Reproductive BioMedicine Online，2020，41（6）：1133-1143.

② Graesser A C，Cai Z，Morgan B，et al. Assessment with computer agents that engage in conversational dialogues and trialogues with learners[J]. Computers in Human Behavior，2017，76：607-616.

教导、教育游戏,以及健康干预等场景中。

用户对社交聊天助手具有什么样的期望呢?两位学者叶卡捷琳娜·斯维赫努希纳(Ekaterina Svikhnushina)和珀尔·蒲(Pearl Pu)就此提出了PEACE模型。PEACE是politeness(礼貌)、entertainment(娱乐)、attentive curiosity(专注的好奇)和empathy(同理心)的缩写,这也是用户对聊天助手的四大期望[①]。

礼貌指的是尊重别人并且为他人着想的行为。其中包括:言语得当,没有挑衅性;保持情绪平稳和得体的反应,避免使用粗鲁的言语;倾听但不评判等。礼貌是用户考虑与聊天助手互动的关键前提条件。

娱乐指的是有意思的交互,并使用互动性的社交技巧。其中包括:产生吸引人的且多元的反应;生产娱乐性的反应,形成幽默感;以闲聊等方式与用户产生社交接触;使用表情符号等进行认知—情绪表达等。娱乐是用户决定采用聊天助手的首要条件。

专注的好奇指的是主动地倾听、预测和适应的能力。其中包括:通过问问题等方式积极参与,表达好奇;预测用户的需要并展开相应的话题;基于之前的对话记住用户的偏好;适应用户的谈话风格等。专注的好奇是进行个人定制化和提升互动的基本条件。

同理心指的是对用户的情绪进行识别并适当反应的能力。其中包括:识别用户的情绪,在回应中表达情绪,有同情心并鼓励用户等。同理心是影响用户接受聊天助手的决定性因素之一。

第五节 与聊天助手聊天是真实的交流吗

在本章的最后,我们讨论一下交流的真实性问题,即与聊天助手聊天是真实的交流吗?

---

① Svikhnushina E, Pu P. Key qualities of conversational chatbots-the PEACE Model[C]//26th International Conference on Intelligent User Interfaces,2021:520-530.

众所周知，目前的弱 AI 并不具有意识，不会产生道德判断，基于互联网大数据生成的对话片段不过是鹦鹉学舌。同时，因为聊天机器人算法基于马尔可夫链离散性原则，即在一个离散时间的随机过程中，只有当前的状态可以用来预测未来，过去的状态与未来无关，因此，AI 的每轮对话都是独立的，机器人并不具备记忆，无法将当前的对话与之前的对话联系起来，从而形成割裂的情形。因为这样的人机交流并不具备连续性，自然也难以让人类对机器产生可预测感并形成相应的信任。因此，人机交流看似具有一定长度和深度，实则仅仅是建立在新奇感之上的对机器人聊天边界的试探[①]。

还有一种可能的情形是"机器树洞"现象，也就是对着"树洞"倾诉衷肠的行为[②]。这个"树洞"可以是有形的，可以是无形的，只要能带给倾诉者足够的安全感和信任感即可。1966 年世界上最早的聊天机器人 ELIZA 诞生于美国麻省理工学院，并被用于临床心理治疗。ELIZA 显示出惊人的魅力，聊天者对它倾诉的深度达到令人咋舌的程度，以至于吓坏了其开发者约瑟夫·魏岑鲍姆而将其关闭。今天更新换代后的聊天机器人们是否依然仅仅是在充当数字树洞的角色而已？面对不会予以任何道德评判的机器，人类似乎可以"畅所欲言"，随性表达在人类社会中无法表达的情感和观点。在这样尚未建立起社交规范的人机交流处女地上进行的交流是否是真正的交流？或者还只是人类用户面对想象出来的倾诉对象的自言自语？

📁 延伸阅读

人机传播中性别归类效应的消失

在计算机辅助传播中常见的性别归类效应在人机传播中却俨然失效了。性别归类效应（gender categorization effect）指的是在网络为中介的人际交流中，即使面对一个毫不知底细的陌生人，交流双方仍然能够通过对方

---

① 牟怡. 智能传播场景中的"真实"再定义[J]. 人民论坛（学术前沿），2020(18)：112-119.
② 树洞一词来源于童话故事《皇帝长了驴耳朵》，是指可以将秘密告诉它而绝对不用担心会泄露出去的地方。树洞因为没有说话的功能，就永远不会将秘密说出来。

的交谈话题、表达方式、感情流露等细节猜测出对方的性别,其准确率可以高达 80%。然而,在一个基于微信平台的人机交流与人际交流的对比研究中,研究者让毫不知情的第三方受试者依据同一个人与微软小冰的微信聊天记录和与人类朋友的微信聊天记录对此人进行性别推测,结果发现,基于人际交流的聊天脚本猜测出聊天者性别的准确率达到 68.98%,然而基于人机交流的聊天脚本猜测出性别的准确率却只有 42.86%,甚至低于随机猜测的 50% 的准确率①。

本章小结：

　　本章探讨了聊天机器人及智能语音助手的使用及效应问题。在介绍了目前聊天助手的应用之后,本章着重讨论了目前探索用户认知、态度与行为的相关研究。最后,本章对与聊天助手交流的真实性进行了开放性讨论。

思考题：

1. 你赞成媒体等同理论的观点吗？为什么？
2. 你认为与聊天助手的聊天是真实的交流吗？

---

① Mou Y, Xu K, Xia K. Unpacking the black box: examining the (de) gender categorization effect in human-machine communication[J]. Computers in Human Behavior, 2019, 90: 380-387.

第十三章
实体机器人的使用及效应

导言:

　　随着机器人技术的普及,你一定在不少场合见过实体机器人。它们可能出现在电视节目的歌舞表演里,也可能在机场、餐厅、购物中心等公共场所"任职"。与这些实体机器人互动与交流有什么特别之处呢? 这是本章将要讨论的问题。

第一节　实体机器人的历史与社交使用

　　人类对于机械的热情由来已久,即使尚无现代科技手段的古人也对机器人制造抱有极大的兴趣。《列子·汤问》中记载了西周穆王时期,有位叫偃师的能工巧匠制作了一个能歌善舞的木质机关人,"领其颐,则歌合律;捧其手,则舞应节。千变万化,惟意所适",甚至"技将终,倡者瞬其目而招王之左右侍妾"。也就是说,掰动这个机器人的下巴,它就会唱歌;挥动它的手臂,它就会翩翩起舞;让人惊讶的是,舞蹈快结束的时候,那个机器人还向周穆王的宠姬抛了媚眼。而这个机器人内部则是用皮革、木头、树脂、漆和白垩、黑炭、丹砂、青膲之类的材料制成的。而春秋时期,鲁班造出"三日不下"的木鸟(见《墨经》),三国时期则出现木牛流马(见《三国演义》)等等,这些都

172

是我国古人智慧的结晶。

同样在西方也出现了早期的机器人设计。意大利艺术家达·芬奇利用他在人体结构方面的知识设计了一个人形机械人。这个机械骑士可以坐下、挥臂，头部可以移动，嘴巴可以张开闭合。20世纪50年代有人按照达·芬奇的原始草图制造出这个机器人。法国工程师雅卡尔·德·沃康松（Jacques de Vaucanson）制作了长笛演奏者，这个人形机械可以演奏12支曲目，包括布拉维的《夜莺》。

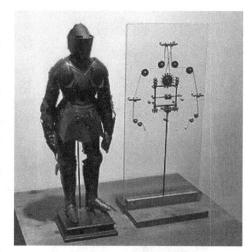

图 13.1　达·芬奇的机械骑士及内部模型组件

（图片来自网络）

瑞士造表师皮埃尔·雅克-德罗兹（Pierre Jaquet-Droz）制造了一个模仿小男孩伏案写作的人形机器人。这个写字机器人启动后由齿轮驱动，一次可以书写多达 40 个不同尺寸和大小的字母。

英文中"Robot"一词源于 1921 年捷克作家卡雷尔·恰佩克（Karel Capek）的剧作《罗素姆的万能机器人》。剧名中的"Robota"一词源于捷克语的"robota"，意思是"苦力"，被用来形容一种经过生物零部件组装而成的生化人——为人类服务的奴隶。这个词后来演化成了 Robot，成为人造人、机器人的代名词。剧中大量被制造出来取代人类工作的机器人转而发动了战争，并最终毁灭了人类。

我国第一个现代意义上的机器人于 1960 年在东南大学（前身南京工学院）诞生[①]，其主持开发者为我国机器人事业的先驱者之一的查礼冠教授。这个机器人是为了迎接南京无线电技术展览会而发起制作的，高度超过 2 米，能做 28 个自由度动作，被称为"顽皮的巨人"（见图 13.2）。

---

① 也有资料提及这其实是我国第二代机器人。但是由于种种原因，第一代机器人的资料缺失，因此无法考证第一代与第二代机器人的差异。

图 13.2　1960 年诞生于南京的机器人

（来源：东南大学档案馆）

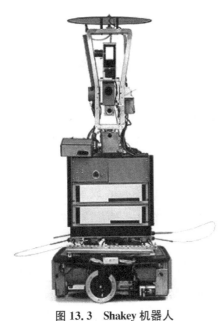

图 13.3　Shakey 机器人

（来源：https://www.sri.com/hoi/shakey-the-robot/）

而差不多同一时期，在美国斯坦福大学诞生了著名的机器人 Shakey（见图 13.3）。尽管这个机器人走动时会摇摇晃晃（这正是它名字的由来），但是融合了当时最新的科技，并得到美国国防部高级研究计划局（DARPA）的资助。正如科技记者约翰·马尔科夫（John Markoff）在《与机器人共舞》一书中所写的那样，作为 20 世纪 60 年代开始的少数几个重要的人工智能项目之一，Shakey 有着至关重要的地位，引发了人工智能早期工作的大爆炸，并持续影响了今后数十年的相关领域①。

---

① 约翰·马尔科夫.与机器人共舞[M].郭雪,译.杭州：浙江人民出版社,2015.

　　早在社交类机器人出现在公众视野之前,工业机器人已经被广泛应用在工业生产中。20 世纪 50 年代末,工业机器人就已经开始投入使用。工业机器人是广泛用于工业领域的多关节机械手或多自由度的机器装置,具有一定的自动性,可依靠自身的动力能源和控制能力实现各种工业加工制造功能。工业机器人被广泛应用于电子、物流、化工等各个工业领域之中。一般来说,工业机器人由三大部分六个子系统组成。三大部分是机械部分、传感部分和控制部分;六个子系统可分为机械结构系统、驱动系统、感知系统、机器人-环境交互系统、人机交互系统和控制系统[①]。工业机器人极大提升了生产效率。然而,因为其缺乏社交性,所以不在本书的讨论范围之内。

　　不同于社交网站上的社交机器人和没有实体的聊天机器人等虚拟机器人,实体机器人除了对软件有要求外,对硬件也同样有要求,通常价格不菲,且功能有限。因此,到目前为止,实体社交机器人的普及率并没有虚拟机器人那么高。目前实体社交机器人主要的应用场景包括:

(一) 在公共场合辅助人类的交互活动

　　在不少购物商场、机场、医院、博物馆等公共场合,机器人可以代替人类导航员充当导航、答疑、引流等工作。除了一般的对答之外,机器人往往还可以同时担任其他工作职责,例如疫情期间的空气净化等,甚至不少餐厅也配备了送菜机器人(见图13.4)。我国首台交互机器人佳佳最初就以博物馆导览员为目标,实现观众引导和解说功能。

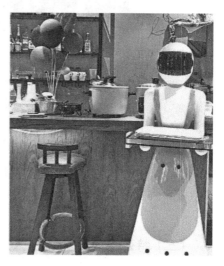

图 13.4　餐厅服务机器人

(图片来自网络)

①　牟富君.工业机器人技术及其典型应用分析[J].中国油脂,2017,42(4):157-160.

（二）充当看护者和陪伴者角色

在不少需要长时间看护与陪伴的场景中，机器人开始扮演越来越重要的角色。例如日本研究海豹型机器人 PARO 辅助治疗痴呆症患者（见图13.5）。这种机器人乍看上去十分像毛绒玩具，由于它配备了多个传感器，当它受到外部刺激时就能作出反应，属于通过学习来给出动作回应的机器人。例如，只要连续呼唤名字，即便不是事先登录的名字，PARO 也会作出反应。PARO 长 55cm，重 2.5kg，大小与人类婴儿接近。通过肢体接触，这种机器人可以唤醒痴呆症患者过去养育子女、饲养宠物的记忆。PARO 已经作为医疗器械，通过了美国食品药品监督管理局的认证；在德国，使用PARO 的上门护理被纳入健康保险范围；在丹麦，因为得到了国家项目的采用，已经有 80%的地方政府引进了 PARO。

图 13.5　海豹型机器人 PARO

（图片来自网络）

（三）特殊场景下的机器人

因其物理特性，机器人通常也会被运用于战争、救援等特殊场景。例如波士顿动力机器狗项目是由美国国防高级研究计划局出资资助的，旨在研制一种能够负重的机械骡，能够和士兵一起在传统机械车辆无法行驶的粗糙地形上作战(见图 13.6)。

图 13.6　波士顿动力机器狗

(图片来自网络)

第二节　人类的反应

普遍而言,人类用户对社交场景下的实体机器人反应都较为正面。基于在真实田野中的观察,人类使用者通常会给机器人予以较高评价。例如在一个科技博物馆场景中,参观者佩戴 RFID 标识以便与机器人交互。机器人自动与参观者通过动作和语言互动,如带领参观者参观各项展览并做出讲解。经过两个月的对比实验发现,人机之间的自由交互和机器人引导参观的行为都会显著提升参观者的博物馆体验[①]。

而在实验室严格控制的场景中,人机交流中的人类反应则被发现受到更多因素影响。例如,几位墨西哥学者通过实验,探讨了不同年龄阶段的儿童在人机互动中对机器人的情感与认知反应。174 名 6～11 岁之间的受试

---

① Shiomi M，Kanda T，Ishiguro H，et al. Interactive humanoid robots for a science museum[C]// Proceedings of the 1st ACM SIGCHI/SIGART Conference on Human-robot Interaction，2006：305 - 312.

儿童与乐高头脑风暴 EV3 机器人合作，在闯关游戏中收集糖果。这个过程中机器人表现出两种不同的人格特性：宜人或者不宜人。结果显示，相对年纪较大的儿童（8～11 岁），年纪较小的儿童（6～7 岁）没有注意到机器人两种人格特征的差异，更能忍受机器人的不友好行为（例如言语粗鲁、不耐烦等），并且更依赖机器人，即使机器人很多时候并不合作[1]。这项研究发现对人类与机器人关系的长期发展带来一些启示。

图 13.7　儿童与机器人合作玩游戏的实验[2]

对很多人而言，实体机器人是新奇的事物。新奇感是产品价值提升的重要因素之一。学者阿玛拜尔（Amabile）的一种关于创造力的流行理论认为，新奇性和富有意义是创造力的两个维度。一些研究推测新奇性和富有意义致使产品的价值被更好地感知[3]。鲁贝拉（Rubera）等人认为，消费者是依据他们的产品卷入度和知识水平来评价产品的新奇感或富有的意义的。他们发现，当消费者的卷入度很高或者对于产品的认识非常有限的情况下，新奇感与消费者对产品创造力的评价更为相关[4]。

---

① ②　Martínez-Miranda J, Pérez-Espinosa H, Espinosa-Curiel I, et al. Age-based differences in preferences and affective reactions towards a robot's personality during interaction [J]. Computers in Human Behavior, 2018, 84: 245 - 257.

③　Amabile T M. A model of creativity and innovation in organizations [J]. Research in Organizational Behavior, 1988, 10(1): 123 - 167.

④　Rubera G, Ordanini A, Mazursky D. Toward a contingency view of new product creativity: Assessing the interactive effects of consumers[J]. Marketing Letters, 2010, 21(2): 191 - 206.

技术的独特性和潜在的呈现内容之间的联想，往往会产生新奇感的启发式线索；通过改变这种启发式线索的形式，可以触发个体的存在感和参与感。比如艾沃里（Ivory）和卡利亚拉曼（Kalyanaraman）的研究发现，具有更优质的图片和声音的电子游戏比起相似的但图片和声音质量稍逊的游戏而言，可以引起玩家更好的临场感、参与感和生理唤醒，这也许归因于受众对游戏的先进演示方式的新奇感和全部的媒体体验之间产生的自动联想[①]。

在与机器人的交互过程中，新奇感扮演了重要的角色。因为用户对机器人感到新鲜，所以更感兴趣，并进行各种试探性行为。然而，当新奇感消失之后，用户的持续使用意愿明显降低。

众所周知，目前的机器人智能尚未达到理想的状态。不少用户在尝试之后便失望地不再使用。为了避免过高的期望带来的失望，不少社交机器人厂家构建了一些原则，以尽量消除这样的影响。例如社交机器人 Jibo 的开发公司就针对 Jibo 的家庭使用属性向他们的客户和潜在客户列出了十条原则：

（1）对 Jibo 而言，家庭是最重要的；

（2）Jibo 总是很好奇；

（3）Jibo 会努力融入家庭集体；

（4）Jibo 会努力让你开心，尤其是出其不意地让你开心；

（5）Jibo 会给家庭注入正能量；

（6）Jibo 会努力了解这个家庭；

（7）Jibo 会努力提升自己；

（8）Jibo 不会过度承诺；

（9）Jibo 明白它不是完美的；

（10）Jibo 需要它的家庭。

[①]　Ivory J D，Kalyanaraman S. The effects of technological advancement and violent content in video games on players' feelings of presence, involvement, physiological arousal, and aggression [J]. Journal of Communication, 2007, 57(3): 532 - 555.

这是不是一个好办法？

来自美国斯坦福大学的研究者李飞飞和杰夫·汉考克（Jeff Hancock）等人借用社会心理学中的刻板印象内容模型（stereotype content model），给机器人设定了温暖（warmth）和能力（competence）两个维度。例如，婴儿通常是高温暖度，但低能力的；而一个有着偏见的公司高管通常被认为是低温暖度，但高能力的。他们的研究发现，与大家的预期相反，使用低能力的比喻来形容机器人（例如婴儿），比使用高能力的比喻来形容机器人（例如职业经理人），让用户感知到的有用性更高，其合作意愿和采用意愿也更强。这表明，用户对机器人的评价是由他们的使用体验与预期之间的差异来决定的：正所谓期望越高，失望越大。而在温暖维度上，用户更愿意跟温暖的机器人交流，交互时间也更长。这也反映了用户会因为体验到的温暖而改变他们的初始预期，从而更正面地评价机器人①。

第三节　机器人的外形及影响

拟人化设计是机器人设计的常见策略。拟人化（anthropomorphism）指的是将真实或想象出的非人类主体赋予类人的特征、动机或情感。心理学家尼古拉斯·艾普利（Nicholas Epley）等人从认知和动机两方面出发，提出三个实现非人主体拟人化的决定性心理因素②。首先是获取并应用以人类为中心的知识，即诱发主体知识（elicited agent knowledge）。其次是解释并理解其他主体的行为，即效能动机（effectance motivation）。最后是社会接触与归属需求，即社会动机（sociality motivation）。而这样的产品拟人化设计会带来四个好处。第一，保持事物一致性，即用拟人化形象示人能

① Khadpe P，Krishna R，Fei-Fei L，et al. Conceptual metaphors impact perceptions of human-AI collaboration[J]. Proceedings of the ACM on Human-Computer Interaction，2020，4(CSCW2)：1-26.

② Epley N ，Waytz A，Cacioppo J T. On seeing human：a three-factor theory of anthropomorphism[J]. Psychological Review，2007，114(4)：864-886.

避免使用者不必要的疑惑和不适应。第二,用来解释未知,即拟人化设计能够帮助人们理解新产品的性能。第三,反映产品特性,即用拟人化的外形凸显产品的质量、特色等。第四,展现人类价值,即通过拟人化设计传递个人、社会或文化价值①。这四点同样也可以适用于机器人的拟人化设计。

机器人的外形是不是越像人越好呢?

看过日本机器人专家石黑浩(Hiroshi Ishiguro)以其自身为模型打造的双子人形机器人的人,大概都会在发出赞美之余产生一种恐怖厌恶的感觉(见图 13.8)。

图 13.8　石黑浩与他的双子机器人在一起

(图片来自网络)

1970 年,日本机器人专家森政弘(Masahiro Mori)提出了著名的"恐怖谷"(uncanny valley)的理念假设:随着机器人与人类相似度的不断提高,最初阶段人们会感到兴奋;但当相似度达到一定程度的时候反而会产生强烈的厌恶与抵抗心理;而当相似度进入更高的水平,人们对机器人的态度会重新变得正面起来。这一学说在 2005 年由卡尔·麦克多曼(Karl MacDorman)

---

① DiSalvo C, Gemperle F. From seduction to fulfillment: the use of anthropomorphic form in design[C]//Proceedings of the 2003 International Conference on Designing Pleasurable Products and Interfaces,2003:67-72.

和他同事翻译成英文,随即引起广泛的关注,并在很多场合得到了验证。关于恐怖谷产生的原因,目前有不同的解释。有人认为这是人类面对死亡而产生的恐惧心理,因为人形机器人徒有人表而无生命,会让人联想起尸体与死亡。而另有学者认为人形机器人看起来像人,但动作举止很怪异,让人感觉像得了什么怪病。出于潜意识里的自我保护意识,人们对它们敬而远之。更有研究者提出,因为人类无法移情到机器人身上,所以无法感受到亲和感,故而对人形机器人感到不安①。

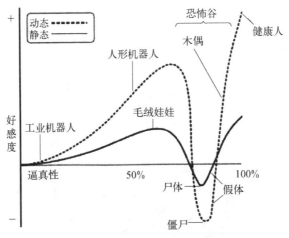

图 13.9　恐怖谷理论示意图②

恐怖谷现象不仅仅存在于机器人身上,动画片里的形象也同样适用。《机器人总动员》中的瓦力(Wall－E)和伊娃(Eva)的造型与人类相差甚远,人们却对他们喜爱之极。然而电影《极地特快》中的卡通形象非常逼真,却吓走了观众,票房惨淡。这一电影中"越逼真越吓人"的魔咒似乎一直到2019年上映电影《阿丽塔:战斗天使》时才得到解除。这部电影主创用最前沿的视效技术,让计算机动画技术和真人完美融为一体,让观众无法分清人与动画的边界。

①② 杜严勇.情侣机器人对婚姻与性伦理的挑战初探[J].自然辩证法研究,2014,30(9):93-98.

第四节　对机器人的焦虑与对机器人的负面态度

机器人使用得越来越广泛,很大程度上引发了人们不同程度的机器人焦虑(robot anxiety)。为此,一个专门的机器人焦虑量表(robot anxiety scale)被野村达也等四位日本学者开发出来以测量机器人使用引发的焦虑感[1]。这个量表包含了 11 个问项,分属于 3 个子量表中,采用 6 分量表测量。这 6 分测量选项为: ① 我一点也不觉得焦虑;② 我几乎感受不到任何焦虑;③ 我没有觉得很焦虑;④ 我感受到一点焦虑;⑤ 我相当焦虑;⑥ 我非常焦虑。

(1)"对机器人交流能力的焦虑"(anxiety toward communication capacity of robots)子量表包含 3 个问项,分别是: ① 机器人是否会在谈话中间谈及一些无关的事情;② 机器人是否会在我们的谈话方向中表现不灵活;③ 机器人是否不能理解复杂的谈话主题。

(2)"对机器人行为特征的焦虑"(anxiety toward behavioral characteristics of robots)子量表包含 4 个问项,分别是: ① 机器人会做什么动作;② 机器人将要做什么;③ 机器人有多强壮;④ 机器人的动作有多快。

(3)"对机器人的对话焦虑"(anxiety toward discourse with robots)子量表包含 4 个问项,分别是: ① 我该如何跟机器人交谈;② 当机器人跟我说话时,我该如何应答;③ 在交谈中机器人是否能理解我;④ 我是否能理解机器人在说什么。

除此之外,这几位学者还开发出对机器人的负面态度量表(negative attitudes toward robots scale)。这个量表包含 14 个问项,分属于 3 个子量表中,采用 5 分李克特量表测量。

(1)"对与机器人互动的负面态度"(negative attitude toward interaction with robots)子量表包含 6 个问项,分别是: ① 如果我在一项工

---

[1] Kanda T, Ishiguro H. Human-robot interaction in social robotics[M]. Los Angeles: CRC Press, 2012.

作中不得不使用机器人，那么我将觉得不自在；② "机器人"这个词对我来说没有任何意义；③ 在人前操作机器人会让我感到紧张；④ 我讨厌机器人或人工智能将为我们做很多事情的决定；⑤ 站在机器人面前我会觉得很紧张；⑥ 跟机器人聊天我会变得疑神疑鬼。

（2）"对机器人的社会影响的负面态度"（negative attitude toward social influence of robots）子量表包含 5 个问项，分别是：① 如果机器人真的有情感，那么我会觉得不自在；② 如果机器人发展为有生命的事物，那么坏事情将发生；③ 我觉得如果我过分依赖机器人，那么坏事情将发生；④ 我很担心机器人会对孩子造成坏的影响；⑤ 我觉得未来社会会被机器人统治。

（3）"对与机器人的情感交流的负面态度"（negative attitude toward emotional interactions with robots）子量表包含 3 个问项，分别是：① 与机器人聊天，我感觉很放松（反向编码）；② 如果机器人有情感，我会跟它们做朋友（反向编码）；③ 跟有情感的机器人在一起，我感觉很安心（反向编码）。

早在 2004 年《今日美国》的一篇报道中，作者凯文·梅尼（Kevin Maney）就写道："美国实验室和公司通常把机器人作为工具。而日本人则把它们视为存在物（being）。这就解释了很多来自日本的机器人项目与美国的不同。"在 2005 年《经济学人》上的一篇名为《比人类还好》的文章则分析了为何日本人希望他们的机器人更像人。一方面，老龄化的社会需要大量的护理机器人，这是一个百亿级的市场；而另一方面，这和日本文化有着密不可分的关系。日本的神道教和佛教都崇尚万物皆有灵性和神性，无论是生命体还是非生命体。所以机器人可以有灵魂，而人从事的所有活动都是在神的指示下进行的，包括机器人的制造。所以，日本人更容易接受机器人作为人类的陪伴者而存在。日本的机器人形象友好又和善，例如铁臂阿童木和机器猫（又名哆啦 A 梦）。

形成鲜明对比的是，在西方文化里，从《银翼杀手》《终结者》到《机械姬》，人类被机器人毁灭的末世警言总是大行其道，其中一个原因是来自宗教的影响。在西方人的观念里，万物均由上帝创造。很多人认为，制造机器人在某种程度上是在模仿上帝对人类的创造，因而被认为是在亵渎神灵。

希伯来传说中有"魔像"(golem)的隐喻。这个被拉比用黏土、石头或青铜制成的无生命的巨人魔像,不断长大,并试图逃出人类的控制。最后,斗争的结局是魔像倒塌,创造者压死于废墟中。所以"十诫"中禁止以色列人制作任何具体形象:"不可为自己雕刻偶像,也不可做什么形象,仿佛上天、下地和地底下水中的百物。"这个魔像的隐喻也延续到了玛丽·雪莱(Mary Shelley)的《弗兰肯斯坦》,艾萨克·阿西莫夫(Isaac Asimov)的《我,机器人》,以及其他诸多表达对机器人的恐惧的作品之中。

第五节 "成为"机器人

"成为"机器人是一种什么样的感觉? 越来越多的人可以回答这个问题,因为使用远程机器人(telepresence robots)正在成为他们日常工作生活的一部分。他们使用远程机器人进行远程办公,在办公室里寻找同事聊天,以及和同事进行正式或非正式的会议(见图 13.10)。在其他情况下,人们也使用远程操控机器人来上学,拜访家人或者探望病人。

图 13.10 远程机器人

(图片来自网络)

典型的远程机器人约正常成年人高度，其中包含一个"头部"，在"头部"有彩色 LCD 触摸屏、平移式网络摄像头、音频扬声器和麦克风，还有一个机动底座，包含一个在后部的遥控主动脚轮和在前部的两个被动轮、一个保险杠、一台电脑，以及一个大约可以续航几个小时的大电池。它通过一个基于 Web 的图形用户界面和视频聊天程序进行控制。那些通过使用机器人从远处"来到"此处的人被称为"操作员"（operator），而那些与机器人生活和工作在同一物理环境中的人被称为"当地人"（locals）。

从当地人的角度来看，机器人经常作为远程操作员的表面代理（apparent agency），也就是说，在对话时我们不会感觉操作员是通过机器人在和我们交流，而会觉得操作员本人好像就在那里。在当地人认为远程机器人既有自己的代理性又有远程操作员的能动性时，该远程机器人其实就具有了双重表面代理性。

而从远程操作员的角度来看，当人们操作机器人时，他们会感知到表面代理性（"我觉得我就是机器人"），而当地人也能感知到表面代理性（"操作员似乎就在我身边"）。因为远程操作员的用户体验与当地人的用户体验有很大差异，所以我们可能需要独立的解释来预测人们对表面代理性的感知。这两种感知似乎受到许多因素的影响，包括机器人系统本身有多少处于控制中（如自主避障），操作员具有何种性格（如强掌控倾向），人际互动的框架（如相互依存的团队合作形式），以及该系统的视觉呈现（如是否有装饰）等等[①]。未来的研究需要更深入地了解如何有效地使用远程机器人，如何让它们在使用中更加隐形，以及如何提高当地人和远程操作员之间的协作感。

本章小结：

本章着重探讨了实体机器人的使用问题，以及产生的相应效应。人类使用者会根据机器人的外表特征、新奇感等产生不同的期望，并与使用体验相比照，从而决定是否继续使用。如何提升机器人用户的使用体验，产生持

① Takayama L. Telepresence and apparent agency in human-robot interaction[M]. New York: John Wiley and Sons，2015.

续使用意愿，这是本章讨论的重点。

思考题：

1. 请就本章讨论的要点，总结一份提升机器人用户的使用体验的清单。

2. 还有哪些因素可能会影响机器人用户的使用体验？请就此问题进行头脑风暴。

第十四章
社交媒体上的社交机器人

导言：

也许在你还没有察觉的时候，你已经与 AI 技术有了很多"亲密接触"。例如社交媒体上存在的大量社交机器人，它们广泛存在于微博、Twitter 和 Facebook 等社交网站。你的很多行为与态度已经受到了社交机器人的影响。在众声喧哗的社交媒体上，这些社交机器人到底扮演了什么样的角色？这是本章将要探讨的问题。

第一节　社交媒体上的社交机器人

学者博什马夫（Boshmaf）等人将社交机器人（social bots）定义为在线社交网络中由人类设置，可凭借算法程序自主运行社交账号，并与其他用户进行信息交互的智能程序①。它们通常通过模仿并模拟人类在社交媒体中的状态和行为，伪装为正常用户，并与正常用户或其他机器人进行交互。在各大社交平台上存在着大量的机器人账号。据统计，2015

---

① Boshmaf Y, Muslukhov I, Beznosov K, et al. The socialbot network: when bots socialize for fame and money [C]//Proceedings of the 27th Annual Computer Security Applications Conference, 2011: 93 - 102.

年的网络流量中,机器人与人类差不多势均力敌:机器人占比 48.5%,而人类占比 51.5%[①]。机器人在社交网络上的传播行为对人类用户和整个网络生态都产生了复杂的影响,一个人机共生的新型虚拟社会正在逐渐形成。

社交机器人可以承担播报新闻快讯、天气预报等积极作用,但也可能被作为商业和政府活动的推动者。目前,通过在影视评价类平台上投放机器人水军为电影电视刷分、在电子购物平台上伪造大量虚假好评为商品促销的现象大量存在;世界范围内也已出现政府和政治人物通过操作社交机器人在社交平台上操纵舆论、阻止辩论、搅乱政治议题的证据。

第二节　政治机器人

政治机器人是社交机器人的一种常见类型。这是在社交媒体空间中专门执行政治传播任务的一类社交机器人,运营者借助算法技术注册并运营大量社交媒体账号,以虚假的个人身份与尽可能多的目标用户建立联系,传播运营者的政治诉求并力图影响舆论。据估计,在 2016 年美国总统大选期间,使用选举标签的 Twitter 推文中超过五分之一是由机器人生成的。

社交媒体上出现的社交机器人对各国政治都产生了极大影响。学者薛凤(Schäfer)等人认为,安倍之所以能在 2014 年日本首相选举中胜出,也可能得益于 Twitter 中大量的网络机器人军队(cyber army of bots)[②]。研究者

① Zeifman I. 2015 bot traffic report: humans take back the web, bad bots not giving any ground [R]. Incapsula Blog, 2015, 9.

② Schäfer S, Antons D, Lüttgens D, et al. Talk to your crowd: principles for effective communication in crowdsourcing a few key principles for communicating with solvers can help contest sponsors maintain and grow their base of participants [J]. Research-Technology Management, 2017, 60(4): 33 - 42.

贝西(Bessi)等人通过对日本首相选举前后 Twitter 用户发表的 542 584 条
推文进行抽样,并基于语料分词技术来识别政治机器人,他们发现占总量近
80%的重复推文极有可能是由政治机器人生成的,而政治机器人在 Twitter
中的典型行为包括大规模转发以及发布重复内容①。

学者费拉拉(Ferrara)针对 2017 年法国总统大选期间参与"邮件门"事
件讨论的 Twitter 账号进行分析发现,大多数账号并非法国本土用户,而是
来自另类右翼(alt-right)社区的外国用户。大量曾活跃于 2016 年美国大
选期间的政治机器人账号,在短暂的蛰伏期后又重新活跃起来,并参与到
2017 年法国总统大选的舆论造势之中。也就是说,国际上有可能存在政
治机器人的地下交易市场②。学者伍利(Woolley)总结了近年来各国使用
政治机器人的情况,可见这在世界范围内都是广泛存在的现象(见表
14.1)③。

表 14.1　各国的政治机器人使用情况④

国　　家	活动年份	部　署　者	数　据　来　源
阿根廷	2012	政府	鲁埃达(Rueda),2012
澳大利亚	2013	政府	皮尔(Peel),2013
阿塞拜疆	2012	政府	皮尔斯(Pearce),2013
巴林岛	2011	政府,外包给公司	约克(York),2011
伊朗	2011	政府,外包给公司	约克,2011
意大利	2012	政客	福格特(Vogt),2012
墨西哥	2011	政党	埃雷拉(Herrera),2012
摩洛哥	2011	政府,外包给公司	约克,2011

---

① Bessi A, Ferrara E. Social bots distort the 2016 US Presidential election online discussion[J/
OL]. First monday, 2016, 21(11).

② Ferrara E. Disinformation and social bot operations in the run up to the 2017 French presidential
election[J/OL]. First Monday, 2017,22(8).

③④ Woolley S C. Automating power: Social bot interference in global politics[J/OL]. First
Monday, 2016,21(4).

续　表

国　家	活动年份	部　署　者	数据来源
俄罗斯	2011	政府	克雷布斯(Krebs)，2011
沙特阿拉伯	2013	政府	自由之家(Freedom House)，2013
韩国	2012	政府	Sang-Hun，2013
叙利亚	2011	政府，外包给公司	约克，2011
土耳其	2014	政府	波伊拉兹拉尔(Poyrazlar)，2014
英国	2012	政府	唐斯(Downes)，2012
美国	2011	政府，外包给公司	科尔德维(Coldewey)，2012
委内瑞拉	2012	政府	希尔兹(Shields)，2013

学者张洪忠等人将政治机器人干预舆论的策略归纳为五种类型[①]：

(一) 营造虚假人气

将政治机器人账号用于填充政治领导人物的粉丝列表，能让政治人物在社交媒体中看上去更受欢迎，并由此改善政治人物的受欢迎度和公信力，这是一种新型的机器人说服策略。

(二) 推送大量政治消息

政治机器人能为那些寻求政治新闻的用户提供阅读内容，推广相关政治新闻资讯，并面向潜在选民群体定期推送投票请求与进展消息。这种点对点、人与人共享(peer-to-peer sharing)的信息传递策略颠覆了自上而下式(top-down messaging)的传统思维。

(三) 传播虚假或垃圾政治信息干扰舆论

除了通常的政治信息之外，政治机器人也可以通过扩散大量垃圾信息

---

① 张洪忠，段泽宁，杨慧芸. 政治机器人在社交媒体空间的舆论干预分析[J]. 新闻界，2019(9)：17 - 25.

或虚假信息干扰线上线下的政治讨论，模糊话题焦点，并煽动网民情绪。例如 2016 年美国大选期间，美国右翼党派在 Facebook、Instagram、Twitter 等社交平台中借助机器人发布了大量成本低廉的情绪化内容，包括网络迷因表情包、垃圾新闻、误导性数据以及链接，在种族、移民和公民身份等社会敏感议题上不断挑唆民意，引发情绪共鸣，从而帮助右翼党派实现对社交网络话语的控制。

（四）制造烟雾遮蔽效应混淆公众视听

烟雾遮蔽（smoke screening），也叫标签劫持（hijacking the hashtag），是指通过推送大量与议题不相关的信息（比如食物、旅行等）来转移话题的策略。这种策略的目的不单纯是为了扩散垃圾信息，而是为了更进一步将一些特定政治话题标签与无效信息绑定在一起，导致用户在检索标签内容时被误导至无关的垃圾帖子上，从而达到模糊舆论空间、干扰政治讨论的目的。

（五）塑造形象高度人格化的虚拟意见领袖

一些政治机器人被设计得诙谐幽默，充满人格魅力，它们被伪装成政治领导人、政府代理人和政治团体，直接向选民推送政治信息。通过将政治机器人打造成虚拟的意见领袖与民众建立起更为稳固的社交关系，并借助算法的机器手段来实现政治传播目的。

第三节　机器人水军

机器人水军是社交机器人中的一种垃圾机器人，是一种能自动控制网络账户、冒充人类用户提供多项网络服务的计算机程序。在网络营销等领域，它常常被隐晦地称为"机刷"，配合真人水军完成刷量、刷评论等专项任务。

根据学者杨慧芸的考证,我国机器人水军可以追溯到 2003 年伴随着论坛兴起的"发帖机"。这些发帖机被用于代替人工进行内容的规模推送。当时的网络账号没有实名制要求,所以发帖机的后台操作者可以注册多个账号进行运作,但是发帖机只能通过设置标题和内容、添加链接等操作,依托大量账号在多个网络平台实现短时间、大规模的内容传播。2015 年前后,随着各个网络平台风险控制系统的升级,发帖机基本不能使用,取而代之的是"群控"或"云控"技术,即采用一台电脑 PC 机控制多部手机,实现自动化脚本运作,通过不同的手机设备码骗过网络平台的风控系统,实现信息在网络上的海量投放。在自动化脚本运行的过程中,手机群控系统可以集中大数据的优势,编制出一定量的内容,有针对性地投放到社交媒体平台上,体现出一定的智能性[1]。

学者杜鸣浩认为经历了从"僵尸粉"到"活粉",再到现在的机器人水军的进化过程,机器人水军拥有了在虚拟世界进行主动社交的能力[2]。赵爽等认为机器人水军通过有针对性地对内容进行自动追踪、点赞和转发,营造舆论假象和虚假共识,制造假热点,占据网络传播信息资源,加快信息传播速度,达到影响舆论的目的[3]。

延伸阅读

各种特色机器人

在 Twitter 上存在着不少动漫粉丝创建的社交机器人,它们模仿着动漫作品中的角色,因此被称为角色机器人。与一般用于商业用途(例如推销产品)的机器人不一样,这些角色机器人只是为了娱乐与交流。这在动漫大国日本的粉丝群体里尤为流行。

这样形形色色的机器人可以最早追溯到 Twitter 上的老账号大本钟

---

[1]　杨慧芸.隐形操纵与数据污染:社交媒体中的机器人水军[J].新闻知识,2020(1):3-10.
[2]　杜鸣浩."社交机器人"入侵[J].中国品牌,2017(2):36-41.
[3]　赵爽,冯浩宸."机器人水军"发展与影响评析[J].中国信息安全,2017(11):88-89.

图 14.1 古城钟楼 Bot 发布内容截图

（图片来自笔者微博截图）

Bot。大本钟 Bot 账号创建于 2009 年，通过程序脚本编写，在特定时间自动发布内容。或许是受大本钟 Bot 的启发，2011 年一个名为"古城钟楼"的账号在微博注册。在发布了两条"宏厚的钟声又将响彻云霄""爱西安"的打招呼内容后，该 Bot 开始了数年如一日的报时日常，即每到整点就会发布一条标注了时辰的"铛～铛～铛～铛～"内容，且从不参与评论区互动（见图 14.1）。"古城钟楼"可以被视为国内 Bot 的先行者。在其因机械报时走红后，网上又出现了钟楼、鼓楼等效仿者。之后 Twitter 上的"Bot"现象被引入微博，"Bot"正式开始了一场中国化进程。

第四节　对社交机器人的使用与满足

在人机交互领域，布兰采格（Brandtzaeg）和菲尔斯塔德（Følstad）基于虚拟机器人程序的技术和应用特征，将用户与线上机器人进行对话的动机概括为新奇感、效用、娱乐和社交[1]。

（一）新奇动机

有机整合理论（organismic integration theory）认为人类天生具有一种

---

① Brandtzaeg P B，Følstad A. Why people use chatbots[C]//The 4th International Conference on Internet Science. Cham：Springer，2017：377－392.

探索新奇、追求挑战的本能欲望。布兰采格和菲尔斯塔德将新奇动机定义为将机器人视为新事物并出于好奇心理进行使用的动机。人们在采纳一项新的信息技术时，往往会因自身的需求、偏好、使用习惯和数字素养的不同，抱有一种好奇感和个人化的想象，并据此进行各异的人机互动过程，尝试验证该技术的功能。虽然在互联网时代，越来越多的人被数字化连接，无实体机器人已经成为一种重要的社交替代品，一部分人已经培养了与社交机器人对话的经验和习惯。但人们与线上机器人的交流经验依然远远少于与人类的交流经验，因此，新奇感和兴趣很可能会引发人们与社交机器人的初始交互。

（二）效用动机

效用动机是指用户出于机器人易于使用或快捷高效的便利性而通过其获取帮助或信息的交互动机。效用性需求主要适用于被多数用户定义为管家、助手等工具性角色的机器人。一个合格的辅助程序类机器人必须能为用户提供有效帮助，同时具备反应迅速、观察细致、提供帮助而不干预的品质，并遵循为用户负责、减少错误、降低损失、提供价值和意义等准则。

（三）娱乐动机

在一项关于"人们为什么使用聊天机器人"的调查中，有 20％的受访者提及了娱乐动机，即"为了在交互过程中获得娱乐价值而使用机器人"，具体包括积极娱乐（认为机器人有趣好玩）和消极娱乐（与机器人互动以消磨时间）两种情况。科尔蒂（Corti）和吉莱斯皮（Gillespie）研究发现，在用户与机器人的对话中，当人们认为对方是真人时，会花费更多的精力来纠正沟通中产生的误解；而当他们明确知道对方是机器人时，则会产生娱乐动机，以误解和过度解读为乐趣[①]。

---

① Corti K，Gillespie A. Co-constructing intersubjectivity with artificial conversational agents：people are more likely to initiate repairs of misunderstandings with agents represented as human [J]. Computers in Human Behavior，2016，58：431－442.

（四）社交动机

将社交机器人视为一种具有社会价值的交流方式，并将其用于社交或关系性目的的使用动机，被称为社交动机。社交需求一直都是许多新兴媒介或技术无法避开的需求点。布兰采格等人认为，年轻人期望通过社交媒体与组织进行沟通，获取即时的反馈、对话和行动导向的参与。萨克拉（Thackara）认为信息系统应该为用户提供一个社交平台或一种社区感，以提升用户体验。互动系统的设计应保障愉快的社交互动①。相较其他交互系统，社交机器人具有更人性化的特点和更自然仿真的传播效果，可以同时加强人与人、机器人与机器人、人与机器的连接，因此，用户对其是否能满足社交需求的敏感度相对更高。目前，市面上已经出现了专门用于满足用户社交需求的机器人，例如 Mitsuku 和 Jessie Humani 这类闲聊型机器人。

除布兰采格等人总结的四种交互动机外，多项研究证实，用户还具有和机器人进行情感交流的需求。

（五）情感动机

有学者调查发现，约 40％的用户对客户服务机器人的需求不仅仅停留在获取特定信息上，同时也包括了情感请求。社会信息处理理论（social information processing theory）认为，尽管线上对话属于中介化交流，相较富媒体情境缺乏声音、表情、动作、眼神等社交线索，但依然可以通过其他方式进行补偿，最终和面对面交流一样甚至更好地传递情感。机器人本身是不具有移情能力的，但当用户享受与机器人对话的陪伴感，并将其角色定位为伙伴、朋友时，就可以认为该聊天机器人具备了提供情感宣泄和情感支持的功能。因此，可将情感动机定义为以期通过机器人获得情感价值的交互动机。

---

① Thackara J. Edge effects: the design challenge of the pervasive interface[C]//CHI'00 Extended Abstracts on Human Factors in Computing Systems，2000：199-200.

延伸阅读

作为社群成员的社交机器人

社交机器人通过在社交网络上模仿人类行为与其他用户进行交互,对人类用户产生了复杂的影响,并推动着人机共生的新型网络生态的形成。在一项近期的研究中,基于对豆瓣拉踩小组爬取的 924 条小组讨论帖,研究者潘舒怡发现,小组成员对小组机器人具有较高的信任度和好感度,倾向于将机器人的身份定义为组内网红成员,对机器人人格特征的认知具有高度一致性,并会通过主观想象为其构建人际关系网络。例如,豆瓣小组成员在面对机器人时,会模拟与真人交往的脚本进行拟态社交,与机器人进行意见交换。在 170 条体现了社交动机的用户回复中,针对话题主动表达自我立场和观点的有 45 条(占比 26.47%),询问机器人意见的有 77 条(占比 45.29%),对机器人的回复进行评价的有 48 条(占比 28.24%)。例如,在某一关于饮料的讨论中,用户针对机器人小 lv 的观点("可")予以反驳并鲜明表达自己的立场"一点都不可!"在关于综艺节目的讨论中用户询问机器人小 lv"你能活到几集?"以及用户针对小 lv"明年一定红!"的发言进行评价"你已经很红了好不"[①]。

第五节 网络议程设置

鉴于社交网络给公众舆论带来的变化,议程设置理论的提出者、传播学家马克斯韦尔·麦库姆斯(Maxwell McCombs)和他的学生对传统的议程设置理论进行了修正,提出了网络议程设置模型(network agenda setting

---

① 潘舒怡.用户对社交机器人的认知及交互动机研究:以豆瓣拉踩小组机器人为例[C]//夏倩芳.中国网络传播研究:互联网的历史分析.北京:中国传媒大学出版社,2020:180-203.

model)①。该模型认为社交网络上各个节点(即个体)和特征的关系以及个体元素,都能够影响新闻媒体"传输"和公众意识。在不同的文化语境中,媒体议程网络与公众议程网络显著相关。如果说第一层级的议程设置是媒体议程设置公共议程,第二层级的议程设置是将对议程设置的注意力转移至对新闻事件细节的关注的话,那么网络议程设置则被视为第三层级的议程设置(见图 14.2)。

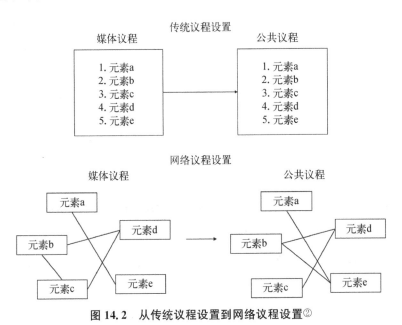

图 14.2 从传统议程设置到网络议程设置②

本章小结:

本章讨论了广泛存在于社交媒体上的社交机器人所带来的影响。政治机器人可能会带来混淆民意、误导舆论的后果,商业机器人则可能造成商业数据造假。而以团队成员身份出现的社群机器人则可能提升用户的社交网站使用体验。不论是好是坏,机器人在今天的网络流量中贡献了半壁江山,成为不可忽视的力量。

---

①② Guo L, McCombs M. Network agenda setting: a third level of media effects[C]//Annual conference of the International Communication Association. Boston: MA, 2011.

思考题：

1. 请分享并用理论解释你自己的社交机器人交互体验。
2. 思考网络议程设置的前提假设、主要观点和应用。

第十五章
机器人的社交线索

导言：

　　一个叫做 BlabDroids 的机器人有着蠢萌的方盒子头和小巧的身体，却能够在不同的地方去采访具有不同文化背景的人，引起很多人深度的自我表露，包括不少从未向任何人透露过的隐私。通过 BlabDroids 采访回来的素材被剪辑成纪录片，甚至在国际纪录片电影节上放映。如果不是这样的造型和这样的社交线索设计，BlabDroids 还会这样成功吗？那么机器人应该具有怎样的社交线索呢？这正是本章讨论的重点。

第一节　社　交　线　索

　　社交线索指的是社交场景中语言或非语言的细节，通过它们人们可以做出相应的符合社交规范的判断。人类的社交特征通常包括：表达和感知情绪，用对话交流，识别并学习别的社会行动者的行为模式，建立并维系社会关系，使用自然线索（例如眼神、手势等），建立有分辨性的人格和个性，学习并发展社会能力等①。

---

① Fong T, Nourbakhsh I, Dautenhahn, K. A survey of socially interactive robots[J]. Robotics and Autonomous Systems, 2003，42(3 - 4)：143 - 166.

　　除了言语传播外,非言语传播在人际传播中占据着重要的位置。研究表明,人际交流中约 65% 的信息来自非言语信息;在面对面交际中,信息的社交内容只有 35% 左右是语言行为。常见的非言语信息包括体态语、客体语、类语言和环境语几种类型①。其中体态语即是人们在交流中有意或无意间使用的姿态和动作,包括面部表情、手的动作、脚的动作、躯干的动作等。客体语则是与人体相关的各种装饰及物体,即人们常说的仪表。类语言则指的是有声但没有固定语义的"语言",如声调,甚至沉默。环境语主要包括时间和空间,例如空间距离、指示姿势等。这些非言语信息能够起到树立和展示自我形象,建立和定义关系,辅助语言表达,替代语言表达,调节互动,以及表达情感和态度的作用。

　　然而这些人类的社交线索放在机器身上是否也同样适用? 这是目前业界和学界都在探讨的问题。下面我们就选择几种常见的机器展示的社交线索进行讨论。

第二节　面部表情与眼神

　　人类对表情的敏感程度在社会交往中起着不可忽视的作用。人类面部的表情肌肉有 40 多块。面部表情是由面部一处或多处部位的肌肉牵动所产生的。人类的面部表情至少有 21 种。美国俄亥俄州立大学的研究人员利用一个面部运动编码系统的计算机软件,对 230 人的约 5 000 张面部表情照片一一分析,识别被用于表达情感的面部肌肉。结果发现,人脸独特且可辨识的情绪表达比以前认为的要多。除了常见的 6 种基本表情(高兴、吃惊、悲伤、愤怒、厌恶和恐惧)外,人们还会把它们结合起来,创造出诸如惊喜(高兴+吃惊)、悲愤(悲伤+愤怒)等 15 种可区分的复合表情。比如说,高兴的特点是嘴角拉向后方、面颊往上抬;吃惊的特点是眼睛睁大、嘴张大;而惊喜

---

① 薛可,余明阳. 人际传播学[M]. 上海:上海人民出版社,2012.

则结合了前两者的特点，即眼睛睁大、面颊上抬，嘴张大的同时嘴角向后拉[①]。

表情的使用具有典型的文化差异。2014 年 Park 等三位韩国学者对2009—2014 年中 Twitter 上几乎所有的数据进行了分析，发现在 78 个国家的 Twitter 用户中，来自个人主义文化的用户更喜欢使用横向的嘴部反映出的表情符号(horizontal and mouth-oriented emoticons)，比如：)；而来自集体主义文化的用户则更喜欢纵向的眼部反映出的表情符号(vertical and eye-oriented emoticons)，比如^_^或 T_T。研究者解释说，这与两种文化下用户的含蓄程度有关。个人主义文化推崇独立、自我，所以可以毫不忌惮地做牵动更多表情肌肉的嘴部表情。相对而言，来自集体主义文化的用户更含蓄，所以倾向于通过少数的肌肉从眼部周围表达出情感[②]。

情感机器人是赋予了人类式情感的机器人，具有表达、识别和理解喜乐哀怒的能力。赋予机器人情感长久以来被认为只存在于科幻作品里，而不是真正的研究命题。1997 年美国麻省理工学院媒体实验室罗莎琳德·W.皮卡德(Rosalind W. Picard)教授提出情感计算的概念，她指出情感计算是与情感相关，来源于情感或能够对情感施加影响的计算[③]。中国科学院自动化研究所的胡包刚等人也指出，情感计算的目的是通过赋予计算机识别、理解、表达和适应人的情感的能力来建立和谐人机环境，并使计算机具有更高的全面的智能。人工情感研究包括三个方面：情感识别、情感表达与情感理解(或情感思维)[④]。世界各国的科学家在情感识别与情感表达两个方面所取得的成果非常显著，但在情感理解或情感思维方面收获甚微。这是近期机器人设计中的研究难点和热点。

眼神交流作为一个重要的社交线索，它的有效运用与否会在很大程度

① Du S, Tao Y, Martinez A M. Compound facial expressions of emotion[J]. Proceedings of the National Academy of Sciences, 2014, 111(15)：1454 - 1462.
② Park J, Baek Y M, Cha M. Cross-cultural comparison of nonverbal cues in emoticons on twitter：evidence from big data analysis[J]. Journal of Communication, 2014, 64(2)：333 - 354.
③ Picard R. Affective Computing[M]. Cambridge：MIT Press, 1997.
④ 罗森林,潘丽敏.情感计算理论与技术[J].系统工程与电子技术,2003(7)：905 - 909.

上决定社会交往的效果。眼神接触是面对面交流中非常重要的一环。

　　这样的人与人交流的法则，在人与机器人交流中同样适用。目前不少机器人都具有视觉识别功能，一旦锁定交流对象，机器人的眼神就会跟着走。例如日本软银 Pepper 机器人就能通过眼神让使用者感受到关注。即使在聊天机器人这种以文字交流为主导的应用中，眼神接触的增加也会提升用户的交流体验。未来学家雷·库兹韦尔（Ray Kurzweil）的网页上提供了一个聊天机器人拉蒙娜（Ramona）。从 1956 年的第一代，到 2001 年的第二代，2003 年的第三代，再到 2013 年推出了第四代，除了智能水平的提升和形象的摩登变化外，最新一代还拥有了跟随鼠标移动的眼神，试图让聊天者感受到文字之外的关注。

 延伸阅读

机器人的性别

　　为机器人赋予性别是社交机器人设计中常见的操作。例如，智能手机中的个人助理 Cortana、Siri 和 Google Now，系统默认的语音是女性声音。一是因为女性声音比男性声音更令人愉悦，二是因为女性更细心更注重细节的品质，女性助理与秘书也司空见惯，所以用女性声音来做个人助理的默认声音比用男性声音更合适。另外，微软推出的聊天机器人小冰和 Tay 都是年轻女孩的形象。除了声音之外，外形等线索也在明确地指出机器人的性别。2016 年 4 月，中国科学技术大学团队研发出的机器人佳佳就是一名典型的"女性"机器人。

　　然而，给一个本来应当完全无性别的机器人划定性别是否合适？

　　参与制定机器人学五原则的专家艾伦·温菲尔德（Alan Winfield）就表示，设计一个性别化的机器人实际上是一种欺骗，有违"不能用欺骗性的方式来设计机器人，从而剥削易受伤害的使用者；相反，它们的机器属性应当透明化"的原则[①]。通过外观设计，或编程出性别模式行为，让人类相信机器

---

① 见：https://robohub.org/should-robots-be-gendered-comments-on-alan-winfields-opinion-piece/.

人有性别或性别特征，无异于欺骗别人一块石头是男性一样。而一旦人类相信了机器人的性别化，便会对这个性别暗示作出反应；而同样的反应是不会由无性别机器人引发的。担忧不仅仅止于对人类的关心，机器人也同样面临被性别歧视的危险。社会学家们担心的物化女性和物化男性的现象，将在机器人身上重演。

第三节　机 器 人 人 格

尽管有不少人质疑机器人人格的合理性，但机器人的人格设定确实能有效帮助到使用者和机器人的交流（即使是单向的）与合作。那机器人应该具有怎样的人格特征？这些特征又会产生怎样的效果呢？为了回答这些问题，研究者对此从已有文献中进行了系统梳理[①]。接下来我们将按照这个研究综述的思路进行逐一考察。

尽管人格的概念由来已久，但目前学者们还没有就人格的定义达成共识，因此，定义"机器人人格"与定义人类人格一样困难，甚至更加困难。塔普（Tapus）和他的同事将人格称为个体的性格、行为、气质、情感和心理特征的模式，这些模式不因时间和环境的变化而发生改变[②]。个性则通常被描述为一系列独特的品质，体现为个人在情感、人际、经验、态度和动机上的最重要的差异，是不同情境和时间里保持一致的个人特征、性格和性情的集合。而机器的人格则是直接借鉴了人的人格进行定义。有学者粗略地将在观察机器人整体状态时获得的感知作为机器人人格[③]。

① Mou Y, Shi C, Shen T, et al. A systematic review of the personality of robot: mapping its conceptualization, operationalization, contextualization and effects[J]. International Journal of Human-Computer Interaction, 2020, 36(6): 591 – 605.

② Tapus A, Pu C, Matari M J. User-robot personality matching and assistive robot behavior adaptation for post-stroke rehabilitation therapy[J]. Intelligent Service Robotics, 2008, 1(2): 169 – 183.

③ Hwang J, Park T, Hwang W. The effects of overall robot shape on the emotions invoked in users and the perceived personalities of robot[J]. Applied Ergonomics, 2013, 44(3): 459 – 471.

人格一直是心理学家感兴趣的话题。自 20 世纪 80 年代末以来,科斯塔(Costa)和麦克雷(McCrae)的"五个因素模式",即众所周知的"大五"人格模型,一直是人格概念操作化的主流。这五个因素是外倾性、责任感、宜人性、神经质和开放性(见表 15.1)[①]。艾森克的精神质-外倾性-神经质(PEN)模型以一种更加简约的形式也被广泛使用。神经质表现为情绪稳定性的差异,外倾性表现为内、外倾的差异,而精神质表现为孤独、冷酷、敌视、怪异等偏于负面的人格特征。艾森克依据这一模型编制了艾森克人格问卷(Eysenck personality questionnaire)[②]。两个模型共有的外向-内向的两极维度是最常用的要素。外倾性格通常被描述为善于社交、友好、健谈和外向,而内向的人则是内省的,他们更喜欢和小群体的人在一起。因为外倾性是最精确观察和最有影响力的维度,并且在观察者中具有最高的一致性,所以大多数研究都集中在这个维度。

表 15.1　麦克雷和科斯塔的"大五"人格模型

	高　分	低　分
外倾性	重感情	冷淡
	合群	孤独
	健谈	安静
	好玩乐	严肃
	活跃	被动
	热情	无情
神经质	焦虑	平静
	喜怒无常	镇定
	自怜	自满
	神经过敏	安乐

---

① Costa P T, McCrae R R. The NEO personality inventory [M]. Odessa: Psychological assessment resources, 1985.

② Eysenck H J. Dimensions of personality: 16, 5 or 3? —criteria for a taxonomic paradigm[J]. Personality and Individual Differences, 1991, 12(8): 773 - 790.

	高　分	低　分
神经质	易激动	不易激动
	脆弱	坚韧
开放性	富于想象	讲求实际
	有创造力	缺乏创造力
	有创新性	因循守旧
	喜欢变化	喜欢常规
	好奇	缺乏好奇心
	无拘无束	保守
宜人性	心肠软	残忍
	信任人	多疑
	慷慨	吝啬
	服从	对抗
	宽容	挑剔
	和善	易怒
责任感	认真负责	粗心大意
	勤奋	懒惰
	有条理	混乱
	守时	迟到
	有抱负	无目标
	持之以恒	半途而废

人格的第三种分类法是迈尔斯-布里格斯类型指标(Myers-Briggs Type Indicator,简称 MBTI)[①]。MBTI 的四个二分法包括：外向-内向、感知-直觉、思考-感觉和判断-感知。这四个维度分别反映了个人收集能量的态度、收集信息的能力、做出决策的能力和适应环境的方式。与 PEN 和"大五"人

---

① Boyle G J. Myers-Briggs Type Indicator (MBTI)：some psychometric limitations[J]. Australian Psychologist, 1995, 30(1)：71 - 74.

格模型相比,MBTI 对社会期望不太敏感,因为它不包含人格的消极方面。有研究者选择基于 MBTI 阐释机器人人格,将这四个维度重新划分为四种类型的机器人人格:外向-思考、外向-感觉、内向-思考和内向-感觉。

由于上述人格分类很难操作,其他文献记载较少的人格类型也在先前的研究中被考虑。基姆(Kim)等人使用了 Ball 和 Breese 的二维人格模型。以优势和友好为两坐标轴,在一个坐标系中定位了 11 种人格,包括优势人格、傲慢人格、社交人格、易怒人格、敌对人格、怀疑人格、体贴人格、友好人格、冷漠人格、顺从人格和谦逊人格[①]。在实际操作中,Asch 的特征检查表也被用于评估机器人人格。这份清单由 13 对特质组成三类因素:社交因素(社交、受欢迎、富有想象力、热情、幽默、善良)、和蔼可亲因素(英俊、快乐、人道、慷慨)和值得信赖因素(执着、睿智、诚实)。

除了借鉴心理学的思想,机器人科学研究者还提出了自己的技术导向型人格模型。基希(Kishi)等人应用了一些研究者提出的机器人人格心理模型[②]。该模型包括:感知人格和表达人格。感知人格是由外部刺激机器人情绪状态的内向信息流形成的,而表达人格是由机器人的情感状态与实际行为之间的关系决定的。机器人的情绪是由活动、愉悦和确定性三个维度共同决定的。

除了成熟的人格模型或机器人人格以外,人格也被非系统地定义。例如,在格鲁姆(Groom)等人进行的研究中,人格包括友好、好斗、害羞、专横、综合、恶意和支配等特质[③]。在另一些研究中,人格被简化为三种模式:积极、消极和中立。

---

① Kim J, Kwak S S, Kim M. Entertainment robot personality design based on basic factors of motions: a case study with rolly[C]//RO-MAN 2009 – The 18th IEEE International Symposium on Robot and Human Interactive Communication. IEEE, 2009: 803 – 808.

② Kishi T, Kojima T, Endo N, et al. Impression survey of the emotion expression humanoid robot with mental model based dynamic emotions[C]//2013 IEEE International Conference on Robotics and Automation. IEEE, 2013: 1663 – 1668.

③ Groom V, Takayama L, Ochi P, et al. I am my robot: the impact of robot-building and robot form on operators[C]//2009 4th ACM/IEEE International Conference on Human-Robot Interaction (HRI). IEEE, 2009: 31 – 36.

第四节　机器人人格是如何被实现的

（一）外观

机器人的外观是影响用户的第一眼因素，因为机器人的整体外观会影响人们与之互动时的期望。有学者将机器人的外观分为四类：拟人化、人形、漫画化和功能化①。通常，拟人化机器人是社交环境中的首选。相比对待更像机械的机器人，人类会更有礼貌并更有自信地对待看似人类的机器人。

布罗德本特（Broadbent）等人研究了机器人的面部外观如何影响用户对机器人人格的评价。在医疗机器人Peoplebot的帮助下，30名参与者在三种随机顺序中测量了血压：一种是有着像人的脸的机器人，另一种是有着银色的脸的机器人，还有一种是屏幕上没有脸的机器人（见图15.1）。拥有类似人脸显示的机器人是最受欢迎的，被评为最像人类、最活跃、最善于交际和最和蔼可亲的机器人；拥有银色面孔的机器人最不受欢迎，也被认为是最可怕的，但人们认为它还算和蔼可亲；没有脸部显示的机器人被评为最不善于交际和最不和蔼可亲的机器人②。因此，类似人类的面部展示与积极的人格特征相关。

除了面部外观以外，身高也被认为是机器人性格的一个指标。在沃尔特斯（Walters）等人的一项研究中，商用的Peoplebot平台被重新设计为类人机器人和机械机器人。类人机器人有一张像人一样的脸，有眼睛和嘴巴；机械机器人有一个相机而不是脸。研究结果显示，类人机器人往往被视为比机械机器人更聪明，但是当结合身高来看时，1.2米的类人机器人被视为

---

① Fong T，Nourbakhsh I，Dautenhahn K. A survey of socially interactive robots[J]. Robotics and Autonomous Systems，2003，42(3-4)：143-166.

② Broadbent E，Kumar V，Li X，et al. Robots with display screens：a robot with a more humanlike face display is perceived to have more mind and a better personality[J]. PloS one，2013，8(8)：e72589.

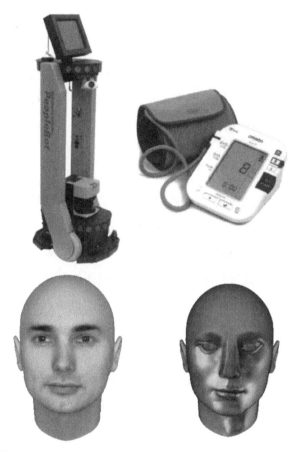

图 15.1 Peoplebot 机器人上使用不同的脸产生不同的效果[1]

责任心不强和更神经质,更高的机器人(1.4 米)被认为更像人类并更认真[2]。

机器人的形状也会影响人们对机器人人格的感知。有学者向受试者展示了 27 种机器人形状的视觉原型。结果表明,拥有圆柱形头部和人形躯干的机器人与责任心强的性格有关;有着圆柱形头部、像人的躯干和像人的四肢的机器人与外向的性格有关;有圆柱形头部,圆柱形躯干和圆柱形四肢的

---

[1] Broadbent E, Kumar V, Li X, et al. Robots with display screens: a robot with a more humanlike face display is perceived to have more mind and a better personality[J]. PloS one, 2013, 8(8): e72589.

[2] Walters M L, Koay K L, Syrdal D S, et al. Preferences and perceptions of robot appearance and embodiment in human-robot interaction trials[C]//Procs of New Frontiers in Human-Robot Interaction, 2009: 136-143.

人与敏感型人格有关[1]。

因为机器人的整体外观往往不容易被改变，视觉外观的细微变化被用作表现个性的补充。在泰伊（Tay）等人的研究中，外向的机器人使用了闪亮的红色，内向的机器人使用了哑光灰色。这些颜色与不同的动作和声音特征相结合，以反映外向-内向的个性维度[2]。

（二）语言

很多设计运用特定的语言风格来表达机器人的个性特征。在巴特内克（Bartneck）等人的研究中，当与 iCat 机器人进行合作游戏时，参与者体验到了机器人不同程度的亲和性[3]。在高亲和性条件下，机器人友善地询问是否可以提出建议，而在低亲和性条件下，机器人则固执己见。那些直呼受试者名字的机器人被认为比那些不直呼参与者名字的机器人更友好。对于通过名字称呼参与者的机器人，机器人的语言风格（昵称 vs. 敬语）成为参与者感知机器人友好度的特征。不同的语言被用来塑造积极人格（即对一切都很友善、热情、称赞别人、犯错后会反省）、中性性格（像一个古典风格的机器人或电脑执着于关注效率）和消极的个性（刻薄、固执，且不可预测）的特征。

下面是在一个购票场景中，三种机器人个性的示例：

积极："嗨！祝你有美好的一天。你今天的状态看起来非常好！我可以为您打印几张票？"

中性："请说出门票数额。"

消极："没那么快！我的休息时间刚好还有 8 秒，我肯定不会为你改变！〔8 秒后…〕好了。多少张票？"

---

[1] Hwang J, Park T, Hwang W. The effects of overall robot shape on the emotions invoked in users and the perceived personalities of robot[J]. Applied Ergonomics, 2013, 44(3): 459-471.

[2] Tay B, Jung Y, Park T. When stereotypes meet robots: the double-edge sword of robot gender and personality in human-robot interaction[J]. Computers in Human Behavior, 2014, 38: 75-84.

[3] Bartneck C, Van Der Hoek M, Mubin O, et al. "Daisy, daisy, give me your answer do!" switching off a robot[C]//2007 2nd ACM/IEEE International Conference on Human-Robot Interaction (HRI). IEEE, 2007: 217-222.

在语言中加入声音的特征是实现机器人人格的一种常用方法。积极、外向、热情的语言风格被用于表达外向性人格;胆小、内向和非人格化特征用于表现内向性个性。简短的句子被用来缩短内向机器人的互动时间。

在中风后康复治疗中,研究人员检查了外向和内向机器人的效果。外向且具有挑战性的性格用强烈且好斗的语言来表现(例如,"你能做到!""我知道你能做的不止这些""集中精力!"),音量更大,说话速度更快。相反,内向性格的脚本由温和和支持性的语言来反映(如"我知道很难,但请记住这是为了你好""很好,继续保持""你做得很好"),采用较低的音量和音调的声音。

(三) 语音

常见的声音特征包括音量、语速、音高和说话量。外向的性格通常以更高的音量、更快的语速、更多变的音高以及更多的言语量来表达,内向的性格则表现为较低的音量、较慢的语速、单调的音调和较少的说话量。例如,李(Lee)等学者在操纵索尼机器狗 AIBO 的个性时对其参数进行了校准:一只外向的 AIBO 机器人的声音设定为 140 赫兹的基频,40 赫兹的频率范围,每分钟 216 个单词的语速,音量水平为 3;但对一只内向的 AIBO 来说,它的声音被设定为 84 赫兹的基频,16 赫兹的频率范围,每分钟 184 个单词的语速,音量级别为 1。积极人格多使用明快的语调并给予用户强烈的鼓励,而消极人格则使用轻蔑的语调并很少给予鼓励[1]。

最难表达的个性特征可能是 MBTI 模型中的"思维-情感"维度。在索(So)等人的研究中,性格外向、善于思考的机器人说话速度快而直接,说话声音大,音调高,声音单调;性格外向、感情丰富的机器人说话速度快而即兴,声音很大,音调高而多变;性格内向、善于思考的机器人说话速度缓慢而固定,说话声音小,音调低,声音单调;而性格内向、感情丰富的机器人说话

---

[1] Lee K. M, Peng W, Jin S A, et al. Can robots manifest personality? An empirical test of personality recognition, social responses, and social presence in human-robot interaction[J]. Journal of Communication, 2006, 56(4): 754 - 772.

速度缓慢而柔和，声音很轻，音调也很低①。

（四）运动

鉴于机器人是可以独立移动的机器，运动是实现机器人人格表现最常用的方法之一。由于机器人形式多样，其能够执行的动作也各不相同。

对于有手臂和/或手的机器人，手势的幅度和速度被广泛地用于表达机器人人格。例如，在几组独立的研究中，外向的 NAO 机器人在交互过程中频频变换手势和姿势，而内向的 NAO 机器人在交互过程中则表现出静态姿势。由于手势受到手臂自由度的限制，增加更多的自由度会显著地改变手势。在沃尔特斯等人的研究中，类人机器人的两只手臂各有 7 个自由度，能够做出更像人类的挥手手势。相比之下，机械机器人的单自由度手臂只能上下移动。除了机器人的五大人格特质外，MBTI 思维-情感的特质也是通过手势的大小、速度和频率来实现的。情感机器人移动手的速度快且频繁，而思维机器人移动手的频率较低②。

同样，对于头部可移动的机器人来说，头部和颈部的运动可以用来显示个性特征。米尔贝克（Meerbeek）等人为 iCat 机器人设计了两个版本的个性（见图 15.2）。性格内向、彬彬有礼、认真负责的 iCat 机器人的头移动得更慢，次数更少，会点头，头微微向下倾斜。相比之下，性格外向、友好、有点粗心的 iCat 机器人会转过头，点头速度更快，动作更有趣，在交谈过程中还会把头抬起来，把头扭过去。对于头部移动较少的机器人来说，点头是表现个性特征最具表现力的方式③。

遵循运动学的原则，机器人的移动角度、移动速度和移动模式通常暗含

① So H S，Kim M S，Oh K M. People's perceptions of a personal service robot's personality and a personal service robot's personality design guide suggestions[C]//RO-MAN 2008 - The 17th IEEE International Symposium on Robot and Human Interactive Communication. IEEE，2008：500 - 505.

② Walters M L，Koay K L，Syrdal D S，et al. Preferences and perceptions of robot appearance and embodiment in human-robot interaction trials[J]. Procs of New Frontiers in Human-Robot Interaction，2009：136 - 143.

③ Meerbeek B，Hoonhout J，Bingley P，et al. The influence of robot personality on perceived and preferred level of user control[J]. Interaction Studies，2008，9(2)：204 - 229.

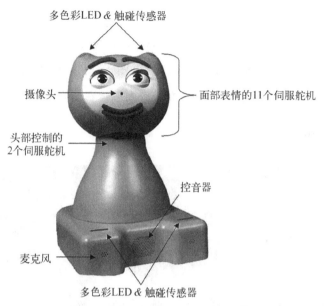

多色彩LED & 触碰传感器

摄像头

头部控制的
2个伺服舵机

面部表情的11个伺服舵机

控音器

麦克风

多色彩LED & 触碰传感器

图 15.2　iCat 机器人的外观设计[1]

人格特征。根据经验，更大、更快、更频繁的身体动作是外向和支配的象征。此外，机器人的主动行为（如机器人没有等待参与者给指令）和被动行为（如机器人等待指示）会导致对机器人神经质的人格特征的不同评价。

（五）面部表情

对于拥有类似人类面孔的机器人来说，眼神交流可以被设计来表达不同的个性特征。由于外向的人通常会比内向的人保持更多目光接触，因此，目光与性格密切相关。在安德里斯特（Andrist）等人的一项实验中，利用一个社交辅助机器人引导用户完成一项解谜任务，通过控制其注视行为，使机器人变得外向或内向[2]。

机器人 KMC‐EXPR 是一个具有眼睛、嘴巴的商业人脸机器人。为了

---

① Meerbeek B，Hoonhout J，Bingley P，et al. The influence of robot personality on perceived and preferred level of user control[J]. Interaction Studies，2008，9(2)：204－229.

② Andrist S，Mutlu B，Tapus A. Look like me：matching robot personality via gaze to increase motivation[C]//Proceedings of the 33rd Annual ACM Conference on Human Factors in Computing Systems，2015：3603－3612.

使机器人的外观和行为外向，研究者设计了活跃的面部特征，如大眼睛和频繁移动的凝视。在购物环境中，购物助理 TOOMAS 除了与人有更多的眼神交流外，还会经常向外向的人眨眼睛（见图 15.3）。此外，睁得大大的眼睛、眉毛向上的微笑是随和的象征，而皱眉则意味着认真①。

图 15.3 TOOMAS 机器人

（六）其他方法

除了以上五种常用的方法外，机器人的纹理也被认为是影响机器人人格的一个因素。当触摸一个名为"Affetto"的儿童机器人的柔软部分时，人们会感觉到不同的性格特征。更好的触摸感觉与机器人讨人喜欢的个性印象有关。

此外，根据霍尔的私人空间理论，空间分为四个区域：亲密（距离身体0.25 米内），个人（0.3~1 米），社会（1~3 米）和公共（超过 4 米）。机器人研究人员开始用空间距离表达机器人人格。机器人和对象的距离影响人们感知机器人的情绪状态，进一步影响其表达的个性。例如，如果物体移得很

---

① Ludewig Y, Döring N, Exner N. Design and evaluation of the personality trait extraversion of a shopping robot[C]//2012 IEEE RO-MAN: The 21st IEEE International Symposium on Robot and Human Interactive Communication. IEEE, 2012: 372 – 379.

远,愉悦感就会降低;当物体靠近并进入 45～75 厘米范围内时,愉悦感就会增加。

第五节　关于机器人人格的反思

由于大多数研究采用了人性化的人格定义,人类人格特征的模仿已被广泛见证。然而,人格的过度契合可能会带来一些严重的有效性问题。例如,在一项研究中,"英俊"被视作机器人人格的一个方面。因此,有必要质疑一个基本假设,即机器人人格应基于人类的人格。这种人类中心主义的主张可能不成立。一些研究者询问社交机器人需要什么样的性格时,发现人们更喜欢"冷静、有礼貌、懂合作的机器人" 或者"一个善良的机器人"。而如果改变这种以人为本的人格概念,可能会更好地适应机器人的情况。一些研究人员确实建议将人与宠物的互动作为一个框架来模拟人与机器人的互动,并建议在社交机器人身上实现陪伴型宠物的特质。

鉴于目前大多数相关研究没有提供人格的具体定义,这可能会影响研究人员和设计师如何操作机器人人格以及他们如何创新机器人。建议未来的研究应更严格地将机器人人格概念化,作为设计机器人的关键一步。

 延伸阅读

机器人人格的效应及影响因素

在设计社交机器人的个性时,潜在的假设是机器人人格会引起用户期望的社会反应。这一假设已被很多研究证实。这些研究的结果显示了机器人人格所引发的情感、态度、感知和行为反应,这将为未来的社交机器人设计提供借鉴,以确保用户的良好反应。在计算机是社会行为者范式中,机器人人格的识别被认为是一级社会反应之一。这一术语由李等人提出①。识别机器人人格后，对机器的微妙而复杂的态度和行为变化被称为二级社会反应，因为它们是由一级社会反应触发的。如果你对机器人人格的具体效应及影响因素感兴趣，请参考 Mou 及其合作者的综述文章 *A systematic review of the personality of robot: mapping its conceptualization, operationalization, contextualization and effects*。

本章小结：

　　本章从人际传播的社交线索出发，讨论了几种常见的机器人社交线索。从论述中你可能已经发现，今天机器人社交线索设计的困境很大程度上是由相关概念的含糊不清造成的，例如什么是人格？什么是情感？可以预期的是，未来智能机器的发展需要清晰的概念定义。

思考题：

1. 你是否认可本章中提到的机器人的社交线索的使用？
2. 你认为还有哪些机器人的社交线索值得关注？

---

① Lee K M，Peng W，Jin S A，et al. Can robots manifest personality? An empirical test of personality recognition，social responses，and social presence in human-robot interaction[J]. Journal of Communication，2006，56(4)：754－772.

第十六章
人工智能相关伦理与法律法规

导言:

即使你不是科幻迷,也应该听说过阿西莫夫的"机器人三定律"。然而,用这个源自科幻作品的三定律来指导今天高速发展的人工智能技术是否太过简单草率? 我们是否能用三定律规范所有与人工智能相关的伦理法规问题? 答案显而易见是否定的。对于人工智能相关的伦理与法律法规,我们需要更多的讨论。

📁 **延伸阅读**

机器人三定律

艾萨克·阿西莫夫(Isaac Asimov)的"机器人三定律"出自其科幻小说《我,机器人》,指的是:第一,不能伤害人类;第二,恪守人的命令,除非与第一定律相冲突;第三,保护自己,除非与第一、第二定律相冲突。让人吃惊的是,这个源于科幻作品的三定律居然被视为人工智能相关道德准则的重要指引。这也许反映出我们今天关于机器和技术的立法与伦理是多么空白。

第一节　伦理与伦理设计

伦理起源于社会道德的需要，旨在保障经济活动、文化产业和人际交往，以及一切具有社会效用的活动的存在与发展。我们在评价一个人或物的道德地位的时候，通常会讨论一枚硬币的两面：道德行为体（moral agency）和道德接受体（moral patiency）[①]。道德行为体指的是道德行为的实施者，道德接受体则为道德行为的承受者。一个普通人应该兼具两个特征：一方面，我们要求他/她做出符合道德规范的行为；另一方面，他/她也应该是别人道德行为的受益人。作为道德行为体，他/她必须同时兼备两个能力：第一，他/她能够感知到他/她的行为后果中与道德相关的部分；第二，他/她必须能够在行动方案之间做出选择。

正常人的道德行为体的地位不言而喻。但是推而广之到动物或其他智能体的时候，就需要对这两个能力进行重新考量。将亚里士多德的三段论推理模式在此应用，我们就得到了这样的推演：① 任何拥有与道德相关的特征 P 的实体都具有道德地位 S；② 实体 X 拥有特征 P；③ 实体 X 具有道德地位 S（道德主体或道德受体）[②]。如果他/她能感知到道德的相关部分，但是不能自主选择行为；或者他/她能够自主行动，却感受不到道德的分量，那么他/她是否还具有道德地位呢？

时代总在发展变化，所以道德伦理也在不断发展变化中。每个时代和社会对特征 P 的要求并非一成不变。考察道德伦理，离不开考量当时的社会文化环境。工业社会以来，从人类中心主义立场出发的伦理框架折射出黑格尔口中的"主奴关系"，直接影响着今天的机器人设计。长久以来机器被认为是没有意识、没有感知的物，所以法律中并没有规定其相关的权利。

---

① 王海明. 人性论[M]. 北京：商务印书馆，2005.
② 李小燕. 从实在论走向关系论：机器人伦理研究的方法论转换[J]. 自然辩证法研究，2016，32（2）：40-44.

就像我们在第一章中讨论的 Hitchbot 遇害的情况，很多人认为伤害 Hitchbot 所犯下的错误并不比打坏同等价值的一台洗衣机更多。

 延伸阅读

人是否应该对机器人承担责任？

电影《人工智能》(*Artificial Intelligence*)中，莫妮卡的儿子生命危在旦夕，为了缓解伤痛的心情，她领养了机器人小孩大卫，却在儿子苏醒之后将大卫抛弃。大卫在机器情人乔和机器泰迪熊的帮助下踏上变成真人之旅，以期重返母亲莫妮卡的怀抱。影片讨论了一个幻想中的但又深刻的道德命题：如果一个机器人能够真心实意地爱一个人，那么那个人反过来对这个机器人应该承担何等的责任？(If a robot could genuinely love a person, what responsibility does that person hold toward that Mecha in return?)①

第二节　机器人伦理与电子人权

着眼于今天的科技发展，专家学者们已经在进行更有实际操作意义的工作，即以人为责任主体的机器人伦理构建。2004 年，第一届世界机器人伦理学大会在意大利召开，这也是"机器人伦理"一词首次公开亮相。欧洲机器人学研究网络立即成立机器人伦理工作室。日本与韩国政府也相继拟定了相关章程，旨在推进家用和办公机器人的安全使用，防止机器人的不良使用，以确保人类对机器的控制。

考虑到阿西莫夫机器人定律的前提是机器人具有了自主抉择能力，而这一前提在目前尚未实现，两名学者罗宾·墨菲(Robin Murphy)和大卫·伍兹(David Woods)将阿西莫夫机器人定律修订为三个替代法则：第一法

---

① 此语为电影中的原台词。

则，在人-机器人工作系统没有达到最高的法律上与专业性的安全与伦理标准的情况下，人不可对机器人进行配置；第二法则，机器人必须根据人的角色对人做出适当的回应；第三法则，机器人必须确保具有充分的自主性以保护其自身的存在，这种保护可以顺畅地将控制转移给其他满足第一法则和第二法则的能动者①。这样，从以机器人为中心的视角便转向以人与机器人互动为中心的视角。

同时，学者也提出应该对机器人工程师进行行为规范。布兰登·英格拉姆（Brandon Ingram）等人提出的"机器人工程师的伦理准则"就机器人工程师应该承担的责任作出了规范②。这套伦理准则包括：① 在行为方式上，机器人工程师应该对他所有创造物的行为和运用承担责任；② 考量并尊重人们在物质上的福祉与权利；③ 不得故意提供错误信息，如果错误信息得到传播应尽力更正之；④ 尊重并遵循任何适合的区域、国家和国际法规；⑤ 认识并披露任何利益冲突；⑥ 接受并提供建设性的批评；⑦ 在同事的专业发展及对本准则的遵循方面给予帮助与支持。

📁 延伸阅读

我们如何对机器进行道德评判？

我们如何对机器进行道德评判？这是塞萨尔·A.伊达尔戈（Cesar A. Hidalgo）等五位麻省理工学院教授的新著《人类如何判断机器》一书中想要回答的问题。在进行一系列心理实验之后，他们得到两条原则：第一，人们根据意图来对人类进行道德评判，但是根据结果来对机器进行道德评判；第二，人们会对人类进行极端的意图推断，但对机器的意图推断较为温和。除此之外，在存在物理伤害的场景中，人们倾向于认为机器更有害、更没有道

---

① Murphy R，Woods D D. Beyond Asimov：the three laws of responsible robotics[J]. IEEE Intelligent Systems，2009，24（4）：14-20.

② Ingram B，Jones D，Lewis A，et al. A code of ethics for robotics engineers[C]//2010 5th ACM/ IEEE International Conference on Human-Robot Interaction (HRI). IEEE，2010：103-104.

德感;而在缺乏公平的场景中,人们倾向对人类做出更严厉的批判①。

机器(人)是否应该享有权利?

长久以来人们都将机器(人)视为没有生命的物,因此,自然认为机器(人)不应该享有权利。然而,随着 AI 技术的发展,机器越来越具有人性化特点,于是对这个问题的讨论被提上了日程。

两位美国学者菲尔·麦克纳利(Phil McNally)和苏哈尔·亚图拉(Sohail Inayatullah)早在 20 世纪 80 年代就开始探讨机器人的权利问题。在其文章《机器人的权利——21 世纪的技术、文化和法律》中,他们指出,我们认为机器人有朝一日总会享有权利。这无疑是件有历史意义的事件……随着权利向自然万物的整体扩展,从动物、树木到海洋,于是万物的责任、义务和尊敬便有了一种新的意义②。2008 年 1 月,英国皇家医学会专门召开研讨会,讨论"机器人与权利"的问题。在 2011 年,《工程与技术杂志》就机器人是否应该拥有权利展开讨论,控制论专家凯文·沃维克(Kevin Warwick)教授认为,拥有人脑细胞的智能机器人应该被赋予权利,而 BBC 的主持人加雷斯·米切尔(Gareth Mitchell)持反对意见。该杂志网站还就"拥有人脑细胞的机器人是否应该被赋予权利"进行调查,结果显示有 17% 的人持肯定态度,而 83% 的人反对。

2017 年 2 月 16 日,欧盟议会投票通过一项决议,就制定《机器人民事法律规则》提出具体建议,并要求欧盟委员会提交关于机器人和人工智能民事责任的法律提案。决议提出诸多制度:成立统一的机器人和人工智能监管机构,针对更高级的机器人建立登记制度,引入电子人格以促进自主智能机器人(尤其是无形的人工智能技术)的登记、保险和管理;提出强制保险、赔偿基金等新的责任规则,提出伦理原则和《机器人宪章》以保障负责任的创

---

① Hidalgo C A, Orghiain D, Canals J A, et al. How humans judge machines[M]. Cambridge: MIT Press, 2021.

② McNally P, Inayatullah S. The rights of robots: technology, culture and law in the 21st century [J]. Futures, 1988, 20(2): 119-136.

新，针对计算机和机器人生成的可享有版权的作品界定"独立智力创造"标准以明确人工智能的智力成果的知识产权保护。从这里出发，也许，未来机器人会享有休息权、隐私权，甚至很多我们目前想象不到的权利。

 延伸阅读

欧盟关于机器人民法规则的相关决议

基本原则：

T. 阿西莫夫定律应当可以直接适用于具有自主性和自我学习能力的机器人的设计者、生产者和操作者，尽管这些定律并不能被转换成机器代码。

U. 包括法律责任、透明度和问责制的一系列规则是有效的，而这些规则有效的前提是不影响和阻碍机器人研究、创新和发展的进程。

V. 为了形塑技术革命，以便更好地为人类服务，使先进机器人与人工智能带来的利益能够在整个欧盟得到广泛共享，同时为了尽可能避免潜在的隐患和风险，欧盟应当积极拟定机器人和人工智能的发展、规划和使用等方面应遵守的基本道德原则，并最终将这些原则融入联盟条例和实施规则之中。

W. "机器人宪章"附在本决议的附件中，该决议是在欧洲议会科学技术选择和评估委员会与欧盟议会研究服务中心的协助下制定的，他们建议启动制定"机器人工程师道德行为守则"，研究伦理委员会守则以及设计师的"许可"制度和用户的"许可"制度。

X. 为了确保不扼杀创新，对于今后的机器人和人工智能的具体行动，欧盟应采用让·莫内(Jean Monnet)提倡的渐进式、务实和审慎的工作方式。

Y. 鉴于机器人和 AI 发展的阶段，从民事责任问题入手是合适的。

法律责任(主体资格)：

Z. 由于过去十年的令人印象深刻的技术进步，今天的机器人不仅能够执行过去只能由人才能完成的活动，而且还发展了某些自主和认知能力。例如，从经验中学习并做出准独立决策的能力，这使它们在外在环境交互方面和改善能力方面,越来越与人类具有相似性;而在这样的背景下,如何合理分配机器人侵害行为产生的法律责任成为一个非常关键的问题。

AA. 机器人的自主性可以被定义为在外部世界中独立于外部控制或影响而进行决策和实施的能力;而这种自主性是纯粹的技术性质,其程度取决于机器人与外在环境交互过程中的复杂性。

AB. 机器人的自主性越多,其他参与者(如制造商、运营商、业主、用户等)越不能把机器人看成简单的工具。反过来必须考虑的是,在机器人的作为或不作为不能归责于某个特定自然人的情况下,以及在不能确定机器人的作为或不作为是否可以避免造成伤害的情况下,关于责任分配的传统法律规则直接适用于机器人是否充分,或者是否有必要提供全新的原则和规则呢?

AC. 最终,应当以具有特殊的个性特征和含义为标准,来判断是根据现有的法律类别,还是应该创造一个新的类别来确定机器自主性的法律属性。

AD. 在目前的法律框架下,机器人本身不能对造成第三方损害的作为或不作为承担责任。当机器人的作为或不作为的原因可以追溯到特定的自然人或法人(例如制造商、操作者、所有者或用户),并且机器的代理人可以预见和避免机器人损害行为的发生;同时,机器人所有者或使用者能够为机器人的作为或不作为承担严格责任,只有以上三者完全符合的情况下,现有的责任规则才能适用于机器人的侵害行为。

AE. 根据现行的产品责任法律框架,产品生产者应对产品故障和有害行为承担责任,产品使用者应对其致害行为负责。这同样可以适用于由机器人或 AI 造成的损害行为。

AF. 在机器人可以自主决策的情况下,传统的规则并不能适用于机器人造成损害而引起的法律责任问题,因为不能确定到底哪一方当事人需要承担赔偿责任,以及应当由谁对机器人自主行为引起的损害承担赔偿责任。

AG. 现行法律框架在合同责任方面的缺陷也是显而易见的,因为传统规则并不能适用于能够自主选择缔约对象、自主对合同条款进行谈判、自主订立合同、自主决定是否以及如何履行合同的机器人。这就需要一套能够适用于市场上最新出现的技术发展和创新的全新法律框架。

AH. 关于非合同责任，理事会第 85/374/EEC 号指令只能涵盖机器人制造缺陷造成的损害。同时，受害人必须能够证明产品缺陷和实际损害之间的因果关系。在这种情况下，严格责任或无过错责任可能就不能适用了。

AI. 尽管第 85/374/EEC 号指令有一定的适用空间，但只要机器人具有适应性和学习能力，它们的行为具有一定程度的不可预测性，那么目前的法律框架不足以涵盖新一代机器人造成的损害。这是因为这些机器人会自主地从自己不断变化的经验中学习，并以独特和不可预见的方式与环境相互作用。

第三节　数据隐私与被遗忘权

随着大数据的收集与使用越来越广泛和细微，数据隐私也越来越得到公众的关注。以智能设备为例，其传感器能够获取、控制并监听用户的各种信息，尤其是那些在私人空间中的隐私信息。从智能音箱到智能马桶，用户的隐私数据无时无刻不在被收集，其中不乏用户的生物特征信息。使用过智能音箱的人应该知道，智能音箱毫无间断地"倾听"周围的声音，以便能够及时捕捉到其专属的唤醒指令（如"天猫精灵"），这样 24 小时持续不断的"监听"听起来有点让人毛骨悚然。

当每个人都处于一种被连续监测的全景监控和实时计算之中时，个人隐私和隐私权的保护受到了尖锐的挑战，甚至有人喊出了"隐私已死"的口号。我们该如何平衡基于大数据带来的发展与隐私保护之间的矛盾呢？这是目前伦理学家和法学家探讨的焦点，尚无定论。也许，如维克托·迈尔-舍恩伯格（Viktor Mayer-Schönberger）等人在其《大数据时代：生活、工作与思维的大变革》一书中指出的那样，我们应该改变当下隐私伦理以个人为中心的观念，转向以数据收集者和使用者的责任为中心的保护模式[①]。也就是

---

① 舍恩伯格，库克耶. 大数据时代：生活、工作与思维的大变革[M]. 周涛，译. 杭州：浙江人民出版社，2013.

说，数据收集者和使用者，不论是个人、公司还是国家，都需要就其相关行为所造成的影响承担责任，并应该就涉及数据再利用的行为接受监督评价。

📁 延伸阅读

边沁的全景式监狱

英国哲学家杰里米·边沁（Jeremy Bentham）提出了全景监狱（panopticon）的构想，其基本原理是：四周是一个环形建筑，中心是一座瞭望塔；瞭望塔有一圈大窗户，对着环形建筑；环形建筑被分成许多小囚室，每个囚室都贯穿建筑物的横切面；各囚室都有两个窗户，一个对着里面，与塔的窗户相对，另一个对着外面，能使光亮从囚室的一端照到另一端。监督者位于中心瞭望塔，并通过逆光效果从瞭望塔观察四周囚室里被囚禁者的一举一动。基于这个构想，福柯（Foucault）提出社会大监狱的概念，认为在社会之中，监视就像人的毛细血管一样无处不在，而人在社会规训中做出自己的选择。大数据时代中每个人的处境与这样的全景式监狱很相似。

图 16.1　Presidio Modelo 监狱，位于古巴

（图片来自网络）

与数据隐私相对应的是被日益重视的被遗忘权（the right to be forgotten），针对的是那些一旦被传上网络便永远存在的数据。被遗忘权指的是数据主体对其个人数据的充分控制权，赋予了个人要求删除已过时的、不必要的、不（再）相关的个人数据的权利。欧盟在 1995 年就在数据保护相关的法律中提出了被遗忘权的概念，指出任何公民可以在其个人数据不再需要时提出删除要求；并于 2012 年开始建议制定相关法律。2014 年 5 月，欧洲法院要求网络搜索引擎巨头谷歌按照当事人要求删除涉及个人隐私的数据。

欧盟在 2016 年 4 月通过了《一般数据保护条例》（General Data Protection Regulation，GDPR），该条例第 17 条确认了被遗忘权的合法性地位。基于对个人数据的保护，欧盟建立了这套根源于人权的严密的数据保护法律体系。被遗忘权则是源于欧盟的个人数据保护法案和司法实践，旨在抵御数字化技术对人格利益的冲击和减损。不过目前被遗忘权的合法性在很多国家和地区仍有待论证。

第四节　人工智能问责相关的法律法规

早在 1970 年，美国学者布鲁斯·布坎南（Bruce Buchanan）和托马斯·海德里克（Thomas Headrick）两人就发表了《关于人工智能和法律推理若干问题的考察》一文，由此拉开了对人工智能和法律推理的序幕[1]。尤其从 20 世纪 80 年代开始，一大批人工智能专家开始关注这一主题，其中以美国东北大学计算机与信息科学学院教授唐纳德·柏曼（Donald Berman）和卡罗尔·哈夫纳（Carole Hafner）为代表。随着技术的发展，人工智能相关法律法规正在不断得到拓展。

2016 年 2 月，美国国家公路交通安全管理局认定谷歌无人驾驶汽车采

---

[1]　Buchanan B G, Headrick T E. Some speculation about artificial intelligence and legal reasoning [J]. Stanford Law Review, 1970, 23(1): 40 - 62.

用的人工智能系统可以被视为"司机"，可以说 AI 在一定程度上被赋予了法律主体资格。而在我国，人工智能一直被视为"物"而非"人"，当涉及人工智能的法律案件发生时，相关责任会被归咎于生产厂家。以 2021 年 3 月 23 日发布的《深圳经济特区智能网联汽车管理条例（征求意见稿）》为例，其规定：因智能网联汽车质量缺陷造成交通事故的，驾驶人依法承担损害赔偿责任后，可以向智能网联汽车的生产者、销售者追偿。

第五节　算法透明度与算法素养

2017 年 12 月，一场由美国通信业工人协会发起的集体诉讼引起了世人的广泛关注。这起诉讼的被告包括亚马逊、考克斯传媒集团（Cox Media Group）、考克斯通信公司（Cox Communications）、T - Mobile，以及其他数百家使用 Facebook 广告工具过滤大龄求职者的雇主。美国通信业工人协会称："Facebook 的独特算法将大部分广告引向年轻求职者，把大龄求职者排除在外，这就导致 Facebook 和广告主给予求职者不同的待遇。"根据《纽约时报》的消息，Facebook 允许几十家企业使用自己的定向软件，将招聘广告推送给特定年纪的 Facebook 用户，这一行为违反了美国劳动法。其中，Facebook 因为其推送算法的不透明性成为此次诉讼中被讨论的焦点。

算法透明问题实则是信息透明以及机构透明问题的延伸。透明度指的是能够从机构获取信息，从而允许组织之外的人能够监控组织的内部运作。透明度通常被认为与人类的知情权一致，因此是政府等机构良好运作的关键。在大数据时代，算法的透明度则反映了用户对算法"暗箱操作"的担忧。

尽管算法透明度很重要，但我们不得不承认的是，算法并不是通常人能够轻而易举理解的。于是，算法素养的概念应运而生。算法素养可以算是数字素养在算法时代的一种延展，反映的是具有算法意识，能够充分认识算法，并有能有效识别算法带来的正面和负面效果的能力。正如学者高奇琦指出的那样，一个有算法素养的用户不一定懂得编程，但是应该具有以下几方面的数据意识：首先，具有数据感。数据感是人们对数字、数据乃至计算的一种感觉，通过它能够在观察事物和思考问题时较为敏锐地掌握相应的情况并分析相关问题。例如政府信息公开平台上发布的数据，对于有数据感的公民和没有数据感的公民而言，其提供的信息丰富程度不可同日而语。其次，具有数据权利意识。公民应该意识到数据分享将对自己的工作生活产生一系列的重要影响，包括正面的和负面的影响。例如通过分享数据的"数字画像"，商家会更了解顾客，有针对性地提供推荐建议；然而同时也可能在很大程度上侵犯个人隐私。最后，具有数据使用意识。数据使用并不是数据公司的专利，每个人都可以分享数据红利，甚至通过对这些数据的使用来与政府和数据公司进行权力抗衡①。

 延伸阅读

法 律 的 未 来

尤瓦尔·诺亚·赫拉利（Yuval Noah Harari）在《未来简史》中展望了法律的未来。他认为，未来人工智能获得统治地位之后，法律将变成一种数字规则，用于规范人类的一切行为。相较于人为判决的主观性和局限性，算法系统作为一种精细化、具体化和绝对刚性的规则，将在最大限度上保持案件判决的公平性。然而，未来大部分人类会被人工智能所取代，只有少部分为人工智能编制核心程序的人可以独善其身。而这些人可能会通过借助人工智能来主宰社会运行，导致算法独裁的出现，并影响法律的公平正义。在未来，如果法律是由少部分人所指定的，那么公平正义的判别标准极可能发生变质。

本章小结：

本章讨论了一系列与人工智能相关的伦理、法律法规问题。这些问题

---

① 高奇琦. 人工智能：驯服赛维坦［M］. 上海：上海交通大学出版社，2018.

是目前学界和业界讨论的焦点问题,尽管尚无定论,但是会直接影响未来人工智能产业的发展,甚至整个人类社会的发展方向。理解这些问题将有助于理解人类社会目前和未来将要面临的各种与技术相关的问题。

思考题：

1. 关于电子人权,你的观点是什么？

2. 除了本章讨论的问题之外,你认为未来人类社会还可能出现哪些与人工智能技术相关的伦理法规问题？

参考文献

一、中文文献

[1] B. M. 罗津. 技术哲学：从埃及金字塔到虚拟现实[M]. 张艺芳，译. 上海：上海科技教育出版社，2018.

[2] 牟怡. 传播的进化：人工智能将如何重塑人类的交流[M]. 北京：清华大学出版社，2017.

[3] 孙桓，陈作模，葛文杰. 机械原理[M]. 8 版. 北京：高等教育出版社，2013.

[4] 刘则渊，王飞. 德国技术哲学简史[M]. 北京：人民出版社，2019.

[5] 郭庆光. 传播学教程[M]. 2 版. 北京：中国人民大学出版社，2011.

[6] 麦奎尔. 大众传播模式论[M]. 祝建华，译. 上海：上海译文出版社，1987.

[7] 唐·伊德. 技术与生活世界：从伊甸园到尘世[M]. 韩连庆，译. 北京：北京大学出版社，2012.

[8] 韩炳哲. 在群中：数字媒体时代的大众心理学[M]. 程巍，译. 北京：中信出版社，2019.

[9] 黎杨全. 走向交往诗学：弹幕文化与社交时代的文艺变革[J]. 南京社会科学，2021(4)：140-148.

[10] 克莱·舍基. 未来是湿的：无组织的组织力量[M]. 胡泳，沈满琳，译. 北京：中国人民大学出版社，2009.

[11] 曾一果. 弹幕背后青年群体的情感需要与价值诉求[J]. 人民论坛（学术前沿），2021(10)：34-37.

[12] 凯文·凯利. 技术元素[M]. 张千舟，余倩，周峰，等译. 北京：电子工业出版社，2012.

[13] 郑保卫. 当代新闻理论[M]. 北京：新华出版社,2003.

[14] 比尔·科瓦奇,汤姆·罗森斯蒂尔. 真相：信息超载时代如何知道该相信什么？[M]. 陆佳怡,孙志刚,刘海龙,译. 北京：中国人民大学出版社,2014.

[15] 简·麦戈尼格尔. 游戏改变世界：游戏化如何让现实变得更美好[M]. 闾佳,译. 杭州：浙江人民出版社,2012.

[16] 喻国明. "机器新闻写作"时代传媒发展的新变局[J]. 中国报业,2015(23)：22 - 23.

[17] 约翰·马尔科夫. 与机器人共舞[M]. 郭雪,译. 杭州：浙江人民出版社,2015.

[18] 张洪忠,段泽宁,韩秀. 异类还是共生：社交媒体中的社交机器人研究路径探讨[J]. 新闻界,2019(2)：10 - 17.

[19] 高奇琦. 人工智能：驯服赛维坦[M]. 上海：上海交通大学出版社,2018.

[20] 洪丹娜. 大数据时代被遗忘权的合法性证成[J]. 华南理工大学学报(社会科学版),2021(1)：73 - 83.

[21] 田海平,刘程. 大数据时代隐私伦理的论域拓展及基本问题：以大数据健康革命为例进行的探究[J]. 伦理学研究,2018(3)：67 - 72.

[22] 王海明. 人性论[M]. 北京：商务印书馆,2005.

[23] 海德格尔. 技术的追问[C]//刘大椿,刘劲杨. 科学技术哲学经典研读. 北京：中国人民大学出版社,2011：104 - 127.

[24] 奥格本. 社会变迁：关于文化和先天的本质[M]. 王晓毅,陈育国,译. 杭州：浙江人民出版社,1989.

[25] 斯丹迪奇. 从莎草纸到互联网：社交媒体2000年[M]. 林华,译. 北京：中信出版社,2015.

二、英文文献

[1] Biocca F. The cyborg's dilemma：progressive embodiment in virtual environments [J]. Journal of Computer-Mediated Communication，1997，3(2)：12 - 26.

[2] Chaffee S H, Metzger M J. The end of mass communication？ [J]. Mass Communication & Society, 2001, 4(4)：365 - 379.

[3] Guzman A L. Ontological boundaries between humans and computers and the implications for human-machine communication [J]. Human-Machine

Communication, 2020(1): 37 - 54.

[4] McCroskey J C, Richmond V P. Fundamentals of human communication: an interpersonal perspective[M]. Prospect Heights, IL: Waveland Press, 1996.

[5] Miller K. Communication theories: perspectives, processes, and contexts[M]. New York: McGraw-Hill Higher Education, 2002.

[6] Shannon C E, Weaver W. The mathematical theory of communication[M]. Urbana: University of Illinois Press, 1949.

[7] Thurlow C, Lengel L, Tomic A. Computer mediated communication: social interaction and the internet[M]. London: Sage Publications, 2004.

[8] Walther J B, Ramirez Jr A. New technologies and new directions in online relating [C]//Smith S W, Wilson S R. New directions in interpersonal communication research. London: Sage Publications, 2009: 264 - 284.

[9] Weaver W. Recent contributions to the mathematical theory of communication [C]//Shannon C E, Weaver W. The mathematical theory of communication. Urbana: University of Illinois Press, 1949.

[10] Clark A. Natural-born cyborgs: minds, technologies, and the future of human intelligence[M]. New York: Oxford University Press, 2003.

[11] Rubin A M. Uses-and-gratifications perspective on media effects[C]//Bryant J, Oliver M B. Media effects. London: Routledge, 2009: 181 - 200.

[12] Shifman L. Memes in digital culture[M]. Massachusetts: MIT Press, 2014.

[13] Koppel M, Argamon S, Shimoni A R. Automatically categorizing written texts by author gender[J]. Literary and Linguistic Computing, 2002, 17(4): 401 - 412.

[14] Pettey G, Bracken C C, Rubenking B, et al. Telepresence, soundscapes and technological expectation: putting the observer into the equation[J]. Virtual Reality, 2010, 14(1): 15 - 25.

[15] Sherry J L, Bowman N D. History of the Internet[C]//Bidgoli H. The handbook of computer networks. NJ: John Wiley & Sons, 2008.

[16] Boyd D M, Ellison N B. Social network sites: definition, history, and scholarship [J]. Journal of Computer-Mediated Communication, 2007, 13(1): 210 - 230.

[17] Christakis N A, Fowler J H. Connected: the surprising power of our social

networks and how they shape our lives [M]. New York: Little, Brown Spark, 2009.

[18] Donath J, Boyd D. Public displays of connection[J]. Bt Technology Journal, 2004, 22(4): 71-82.

[19] Kaplan A M, Haenlein M. Users of the world, unite! The challenges and opportunities of social media[J]. Business Horizons, 2010, 53(1): 59-68.

[20] Lin N. Social capital: a theory of social structure and action[M]. Cambridge: Cambridge University Press, 2002.

[21] Sprague D A, House T. Evidence for complex contagion models of social contagion from observational data[J]. PloS One, 2017, 12(7): 1-12.

[22] Tong S T, Van der Heide B, Langwell L, et al. Too much of a good thing? The relationship between number of friends and interpersonal impressions on Facebook [J]. Journal of Computer-Mediated Communication, 2008, 13(3): 531-549.

[23] Westerman D, Bowman N D, Lachlan K A. Introduction to computer-mediated communication[M]. Dubuque, IA: Kendall Hunt Publishing, 2014.

[24] Westerman D, Spence P R, Van Der Heide B. A social network as information: the effect of system generated reports of connectedness on credibility on Twitter [J]. Computers in Human Behavior, 2012, 28(1): 199-206.

[25] Goffman E. Frame analysis: an essay on the organization of experience[M]. Cambridge: Harvard University Press, 1974.

[26] Maher V. Citizen journalism is dead[M]. Grahamstown: New Media Lab, School of Journalism & Media Studies, Rhodes University, 2005.

[27] Zillmann D, Brosius H B. Exemplification in communication: the influence of case reports on the perception of issues[M]. London: Routledge, 2012.

[28] Bandura A. The evolution of social cognitive theory[C]//Smith K G, Hitt M A. Great minds in management. Oxford: Oxford University Press, 2005: 9-35.

[29] Bowman N D. Six points for six posts: evidence for using facebook to facilitate learning in the mass lecture[C]//Aitken J E. Cases on communication technology for second language acquisition and cultural learning. Hershey: IGI Global, 2014: 14-17.

［30］ Jones S. Let the games begin: gaming technology and entertainment among college students[M]. Washington, DC: Pew Foundation, 2003.

［31］ Tyson K. Integration interrupted: tracking, black students, and acting White after Brown[M]. New York: Oxford University Press, 2011.

［32］ Eisenberg M, Berkowitz R E. Information problem-solving: the big six skills approach to library and information skills instruction［J］. Norwood, NJ: Ablex, 1990.

［33］ Paul R, Elder L. The miniature guide to critical thinking concepts and tools[M]. Lanham: Rowman & Littlefield Pub Inc, 2019.

［34］ Dimmick J W. Media competition and coexistence: the theory of the niche[M]. London: Routledge, 2002.

［35］ Rice R E, Atkin C K. Public communication campaigns［M］. London: Sage publications, 2012.

［36］ Blumer H. Symbolic interactionism: perspective and method[M]. NJ: Prentice-Hall, 1969.

［37］ Carey J W. Communication as culture: essays on media and society[M]. New York: Routledge, 1989.

［38］ Gunkel D J. Communication and artificial intelligence: opportunities and challenges for the 21st century[J]. Communication+1, 2012,1(1): 1 - 26.

［39］ Guzman A L. The messages of mute machines: human-machine communication with industrial technologies[J]. Communication+1, 2016 (1): 5.

［40］ Guzman A L. Socialbots and their friends: digital media and the automation of sociality[M]. London: Routledge, 2017.

［41］ Guzman A L. What is human-machine communication, anyway? ［C］//Guzman A L. Human-machine communication: rethinking communication, technology, and ourselves. New York: Peter Lang Publishing, 2018: 1 - 28.

［42］ Hayes P J, Reddy D R. An anatomy of graceful interaction in spoken and written man-machine communication[J]. International Journal of Man-Machine Studies, 1979, 19(3): 231 - 284.

［43］ Jacob R J K. Computers in human-computer interaction［C］//The human-computer interaction handbook: fundamentals, evolving technologies and emerging applications, 2002: 147 - 149.

[44] Licklider J C R. Man-computer symbiosis[J]. IRE Transactions on Human Factors in Electronics, 1960 (1): 4 - 11.

[45] Gehl R W, Bakardjieva M. Socialbots and their friends: digital media and the automation of sociality[M]. New York: Routledge, 2017.

[46] Mead G H. Mind, self, & society: from the standpoint of a social behaviorist [M]. Chicago, IL: University of Chicago Press, 1967.

[47] Meadow C T. Man-machine communication[M]. New York: Wiley-Interscience, 1970.

[48] NASA. A forecast of space technology 1980 - 2000[R]. Washington, DC, 1976.

[49] Reeves B, Nass C. The media equation: how people treat computers, television, and new media like real people[M]. Cambridge: Cambridge university press, 1996.

[50] Schramm W. Men, messages, and media: a look at human communication[M]. New York: Harper & Row, 1973.

[51] Suchman L A. Human-machine reconfigurations: plans and situated actions [M]. 2th ed. New York: Cambridge University Press, 2007.

[52] Wiener N. Cybernetics: or control and communication in the animal and the machine[M]. New York: John Wiley & Sons, 1948.

[53] Bohner G, Moskowitz G B, Chaiken S. The interplay of heuristic and systematic processing of social information[J]. European Review of Social Psychology, 1995, 6(1): 33 - 68.

[54] Clerwall C. Enter the robot journalist: users' perceptions of automated content [J]. Journalism Practice, 2014, 8 (5): 519 - 531.

[55] Dörr K N. Mapping the field of algorithmic journalism[J]. Digital Journalism, 2016, 4 (6): 700 - 722.

[56] Enli G. Mediated authenticity: how the media constructs reality[M]. New York: Peter Lang Publishing, 2014.

[57] Graefe A, Haim M, Haarmann B, et al. Readers' perception of computer-generated news: credibility, expertise, and readability[J]. Journalism, 2018,

19(5)：595 - 610.

[58] Petty R E, Cacioppo J T. The elaboration likelihood model of persuasion[J]. Advances in Experimental Social Psychology, 1986, 19：123 - 205.

[59] Sundar S S, Jia H, Waddell T F, et al. Toward a theory of interactive media effects (TIME)[M]. New Jersey：John Wiley & Sons Inc, 2015.

[60] Waddell T F. A robot wrote this? How perceived machine authorship affects news credibility[J]. Digital Journalism, 2018, 6(2)：236 - 255.

[61] Baron, E. One bot to rule them all? Not likely, with Apple, Google, Amazon and Microsoft virtual assistants[N]. The Mercury News, 2017 - 02 - 06.

[62] Corti K, Gillespie A. Co-constructing intersubjectivity with artificial conversational agents：people are more likely to initiate repairs of misunderstandings with agents represented as human[J]. Computers in Human Behavior, 2016, 58：431 - 442.

[63] Go E, Sundar S S. Humanizing chatbots：the effects of visual, identity and conversational cues on humanness perceptions[J]. Computers in Human Behavior, 2019, 97：304 - 316.

[64] Goda Y, Yamada M, Matsukawa H, et al. Conversation with a chatbot before an online EFL group discussion and the effects on critical thinking[J]. The Journal of Information and Systems in Education, 2014, 13(1)：1 - 7.

[65] Letheren K, Glavas C. Embracing the bots：how direct to consumer advertising is about to change forever[J]. The Conversation, 2017(3)：1 - 3.

[66] Nass C, Moon Y. Machines and mindlessness：social responses to computers[J]. Journal of Social Issues, 2000(56)：81 - 103.

[67] Nass C, Steuer J, Tauber E R. Computers are social actors[R]//Proceedings of the SIGCHI conference on Human factors in computing systems, 1994：72 - 78.

[68] Rhee C E, Choi J. Effects of personalization and social role in voice shopping：an experimental study on product recommendation by a conversational voice agent [J]. Computers in Human Behavior, 2020, 109：106 - 359.

[69] Sebastian J, Richards D. Changing stigmatizing attitudes to mental health via education and contact with embodied conversational agents[J]. Computers in Human Behavior, 2017(73)：479 - 488.

[70] Svikhnushina E, Pu P. Key qualities of conversational chatbots-the PEACE Model [C]//26th International Conference on Intelligent User Interfaces, 2021: 520 - 530.

[71] Takayama L, Pantofaru C. Influences on proxemic behaviors in human-robot interaction[C]//2009 IEEE/RSJ International Conference on Intelligent Robots and Systems. IEEE, 2009: 5495 - 5502.

[72] Verhagen T, van Nes J, Feldberg F, et al. Virtual customer service agents: using social presence and personalization to shape online service encounters[J]. Journal of Computer-Mediated Communication, 2014(19): 529 - 545.

[73] Amabile T M. A model of creativity and innovation in organizations[J]. Research in Organizational Behavior, 1988, 10(1): 123 - 167.

[74] Cesta A, Cortellessa G, Tiberio L. Long-term evaluation of a mobile remote presence robot for the elderly[J]. Ercim News, 2011(84): 20.

[75] DiSalvo C, Gemperle F. From seduction to fulfillment: the use of anthropomorphic form in design[C]//Proceedings of the 2003 International Conference on Designing Pleasurable Products and Interfaces, 2003: 67 - 72.

[76] Epley N, Waytz A, Cacioppo J T. On seeing human: a three-factor theory of anthropomorphism[J]. Psychological Review, 2007, 114(4): 864 - 886.

[77] Khadpe P, Krishna R, Fei-Fei L, et al. Conceptual metaphors impact perceptions of human-AI collaboration[J]. Proceedings of the ACM on Human-Computer Interaction, 2020, 4(CSCW2): 1 - 26.

[78] Martínez-Miranda J, Pérez-Espinosa H, Espinosa-Curiel I, et al. Age-based differences in preferences and affective reactions towards a robot's personality during interaction[J]. Computers in Human Behavior, 2018, 84: 245 - 257.

[79] Rubera G, Ordanini A, Mazursky D. Toward a contingency view of new product creativity: Assessing the interactive effects of consumers[J]. Marketing Letters, 2010, 21(2): 191 - 206.

[80] Bessi A, Ferrara E. Social bots distort the 2016 US Presidential election online discussion[J/OL]. First monday, 2016, 21(11).

[81] Brandtzaeg P B, Følstad A. Why people use chatbots[C]//The 4th International

Conference on Internet Science. Cham: Springer, 2017: 377 - 392.

[82] Ferrara E. Disinformation and social bot operations in the run up to the 2017 French presidential election[J/OL]. First Monday, 2017,22(8).

[83] Guo L, McCombs M. Network agenda setting: a third level of media effects[C]// Annual Conference of the International Communication Association. Boston: MA, 2011.

[84] Malhotra Y, Galletta D F, Kirsch L J. How endogenous motivations influence user intentions: beyond the dichotomy of extrinsic and intrinsic user motivations [J]. Journal of Management Information Systems, 2008, 25(1): 267 - 300.

[85] Monk A F. User-centred design[C]//International Conference on Home-Oriented Informatics and Telematics. Boston, MA: Springer: 181 - 190.

[86] Vargo C, Guo L, Shaw D, et al. Network issue agendas on Twitter during the 2012 U. S. presidential election[J]. Journal of Communication, 2014, 64(2): 296 - 316.

[87] Woolley S C. Automating power: Social bot interference in global politics[J/OL]. First Monday, 2016,21(4).

[88] Andrist S, Mutlu B, Tapus A. Look like me: matching robot personality via gaze to increase motivation[C]//Proceedings of the 33rd Annual ACM Conference on Human Factors in Computing Systems, 2015: 3603 - 3612.

[89] Bartneck C, Van Der Hoek M, Mubin O, et al. "Daisy, daisy, give me your answer do!" switching off a robot[C]//2007 2nd ACM/IEEE International Conference on Human-Robot Interaction (HRI). IEEE, 2007: 217 - 222.

[90] Boyle G J. Myers-Briggs Type Indicator (MBTI): some psychometric limitations [J]. Australian Psychologist, 1995, 30(1): 71 - 74.

[91] Costa P T, McCrae R R. The NEO personality inventory [M]. Odessa: Psychological assessment resources, 1985.

[92] Du S, Tao Y, Martinez A M. Compound facial expressions of emotion[J]. Proceedings of the National Academy of Sciences, 2014, 111(15): 1454 - 1462.

[93] Eysenck H J. Dimensions of personality: 16, 5 or 3? —criteria for a taxonomic paradigm[J]. Personality and Individual Differences, 1991, 12(8): 773 - 790.

[94] Grayson D A. Latent trait analysis of the eysenck personality questionnaire[J]. Journal of Psychiatric Research, 1986, 20(3): 217 – 235.

[95] Groom V, Takayama L, Ochi P, et al. I am my robot: the impact of robot-building and robot form on operators[C]//2009 4th ACM/IEEE International Conference on Human-Robot Interaction (HRI). IEEE, 2009: 31 – 36.

[96] Kim Y, Kwak S S, Kim M S. Am I acceptable to you? Effect of a robot's verbal language forms on people's social distance from robots[J]. Computers in Human Behavior, 2013, 29(3): 1091 – 1101.

[97] Kishi T, Kojima T, Endo N, et al. Impression survey of the emotion expression humanoid robot with mental model based dynamic emotions[C]//2013 IEEE International Conference on Robotics and Automation. IEEE, 2013: 1663 – 1668.

[98] Ludewig Y, Döring N, Exner N. Design and evaluation of the personality trait extraversion of a shopping robot[C]//2012 IEEE RO-MAN: The 21st IEEE International Symposium on Robot and Human Interactive Communication. IEEE, 2012: 372 – 379.

[99] Meerbeek B, Hoonhout J, Bingley P, et al. The influence of robot personality on perceived and preferred level of user control[J]. Interaction Studies, 2008, 9(2): 204 – 229.

[100] Park E, Jin D. The law of attraction in human-robot interaction[J]. International Journal of Advanced Robotic Systems, 2012, 9(2): 35.

[101] Picard R. Affective Computing[M]. Cambridge: MIT Press, 1997.

[102] So H J, Brush T A. Student perceptions of collaborative learning, social presence and satisfaction in a blended learning environment: Relationships and critical factors[J]. Computers & Education, 2008, 51(1): 318 – 336.

[103] So H S, Kim M S, Oh K M. People's perceptions of a personal service robot's personality and a personal service robot's personality design guide suggestions [C]//RO-MAN 2008 – The 17th IEEE International Symposium on Robot and Human Interactive Communication. IEEE, 2008: 500 – 505.

[104] Ullrich D. Robot personality insights[J]. Designing Suitable Robot Personalities for Different Domains, 2017, 16(1): 57 – 67.

[105] Woods S, Dautenhahn K, Kaouri C, et al. Are robots like people? Relationships between participant and robot personality traits in human-robot interaction studies[J]. Interaction Studies, 2007, 8(2): 281 - 305.

[106] Yamashita Y, Ishihara H, Ikeda T, et al. Investigation of causal relationship between touch sensations of robots and personality impressions by path analysis [J]. International Journal of Social Robotics, 2019, 11(1): 141 - 150.

[107] Buchanan B G, Headrick T E. Some speculation about artificial intelligence and legal reasoning[J]. Stanford Law Review, 1970, 23(1): 40 - 62.

[108] Hidalgo C A, Orghiain D, Canals J A, et al. How humans judge machines[M]. Cambridge: MIT Press, 2021.

[109] Ingram B, Jones D, Lewis A, et al. A code of ethics for robotics engineers[C]// 2010 5th ACM/IEEE International Conference on Human-Robot Interaction (HRI). IEEE, 2010: 103 - 104.

后　记

　　如果没有很多人的帮助,写教材这样一个大工程是无法完成的。

　　写这本教材的想法早在 2016 年夏天就萌发出来。在一次同事之间的闲聊中,李本乾院长高瞻远瞩地提出,既然大家的研究都涉及新媒体前沿,为何不在各自领域中深耕,写出一套关于未来媒体的教材呢? 当时大家一拍即合。然而事后行动起来却是困难重重。不得不承认,当时的我尚未做好完成一本教材的准备。一是日常的实证研究工作耗费了我大部分的时间和精力,二是人机传播领域尚未积累出足够的实证证据与写作素材。一直到 2019 年夏天,李本乾院长再次在学院老师中发起倡议。这次我觉得时机成熟了,历时一年半的时间,完成了这本书的写作。如果没有李院长和同事们一而再再而三的鼓励和支持,很难想象这本书会出现在你的手中。

　　兵马未动,粮草先行。这个粮草就是大量的文献资料。在准备粮草的过程中,我的研究生团队给予了大量的支持和帮助。他们是郑子愚、夏凯、乐嘉盈、张丽姗、石昌倩、崔嫄野、吴颖妍、李志鹏、张启萌、茅羽瑶、何艺璇、路文廷、陈嘉惠、李佳楠。他们的信任与努力,是身为导师的我的骄傲与财富。除此之外,参加我 2019—2021 年春季人机传播研究研讨课程的同学们也带给我很多思考与启发。因为人数众多,就不一一列举了。希望感激之情到达每一个人的心中。

　　最后感谢我的四位博士生张林、吴宇恒、潘舒怡和官奕聪给书稿提出的建议与意见。教学相长,能够与他们互相学习,实属幸事。他们是年轻而富有潜力的研究者,既具有敏锐的学术洞察力,又能够脚踏实地完成枯燥的细节工作。新闻传播学的未来是属于他们的，这一点我深信不疑。

最后的最后，我想借用卡尔·萨根（Carl Sagan）的一句话感谢一路上遇到的聪明的、有趣的、真诚的人们："在广袤的空间和无限的时间中，能与你共享同一颗行星和同一段时光，是我的荣幸。"

牟　怡

2021 年 12 月于上海闵行